貧困と保育

社会と福祉につなぎ、希望をつむぐ

編著
秋田喜代美
小西祐馬
菅原ますみ

著
平松知子　吉葉研司
塚本秀一　猪熊弘子
中村強士　藤原千沙

かもがわ出版

貧困と保育

社会と福祉につなぎ、希望をつむぐ ● もくじ

もくじ

もくじ

本書に掲載されている写真は、本文の内容とは関係ありません。

序章

「貧困と保育」が照らす世界

子どもの育ちを豊かにする保育への一歩を

東京大学
秋田喜代美

私たち一人ひとりが自分事として

子どもはこの世に生を受けたときから、自分が育つ環境も親も、自分では選ぶことはできません。この点では非力で脆弱《ぜいじゃく》な存在です。そのなかで、どの子どもも生きる喜びを感じ、未来に希望をもてる生活を保障され自らのもてる力を発揮していってもらいたいと願っています。子ども、保護者、保育者、そして、地域の子育て支援や保育や児童福祉行政に関わる人々は、子どもの育ちに喜びや手応えを感じて、しあわせに生きることを誰もが望んでいます。

しかし、現実には人生最初の乳幼児期から、その理想とはほど遠い生活を余儀なくされている子どもたちが、現在数多くいます。子どもの年齢が小さいほど、その声は聴き取られず、一般の人々のもとに届きにくいのが実情です。この難題に同じ社会に生きる私たち一人ひとりが向き合い、現実の切実な状況をとらえ読み解き、自分たちは何ができるかを問い考えていくことが求められているのではないでしょうか。

貧困は、その社会固有の文化や価値、社会的構造の問題をはらんでいますから、それを解題して取り組むことが求められます。専門家や福祉行政の担当者が解決してくれるというお任せのスタンスではなく、保育や子どもに関わる人が皆、子どもの未来、そして保育の未来のために、貧困の問題を自分事として引き受け行動することが、求められているのではないでしょうか。

本書は、その現実の姿を記述する問題提起の書です。

働いても豊かになれない国での子育て

戦後日本は、貧困のなかでも懸命に働くことで日々の生活の糧を得、家族が一緒に暮らせる生活の保障が経済成長のなかで可能でした。１９７０年代頃には、一億総中流と呼ばれる意識も生まれていました。地域間格差がこれだけ縮小した国はないといわれた時代でした。しかし、１９９０年代のバブル経済崩壊以降の20年間にわたる経済低成長と、継続するデフレのなかで、今や日本は国としても、ＯＥＣＤ諸国で政府総債務残高、つまり、負債がもっとも大きい国となりました。国として財政が完全に破綻した状態です。そのなかで世帯による経済格差は大きくなり、生活保護受給者数は、216万人を超え、1・7％、162万世帯となっています（2015年現在）。乳幼児を抱える保護者は、必死で働き続けても生活が豊かにはならない時代に育ち、そしてより厳しい局面を迎える社会のなかで生きることを余儀なくされています。

貧困解消政策の弱さ、より広い貧困のすそ野

図表Ⅰを見てください。[1] 給料などの所得そのもの（再分配前）から税金や社会保険料を差し引きそれに社会保障費を加えた再分配後の所得を見ても、まだ格差が埋まらないのが日本です。ＯＥＣＤ「対日審査報告書２０１５年版」[2]にも記されているように、「すべての勤労者世帯とすべての子供のいる世帯の貧困率が、税及び社会保障制度を考慮した後高まる国はＯＥＣＤ諸国で日本しかない」のです。

このような政府による貧困削減効果の「逆転」は、現在、解消されていますが、[3] 子どもの貧困率は、その後も上昇しています。つまり、子どものいる貧困世帯が冷遇され続け、さらにそのなかでも子どもの年齢が低く保護者の年齢も若い世帯で顕著となっています。６人に１人の子どもが貧困の状況にあり、子どもの相対的貧困率16・3

図表1●OECD諸国16か国における子どもの貧困率：所得再分配前と再分配後（2000年代）

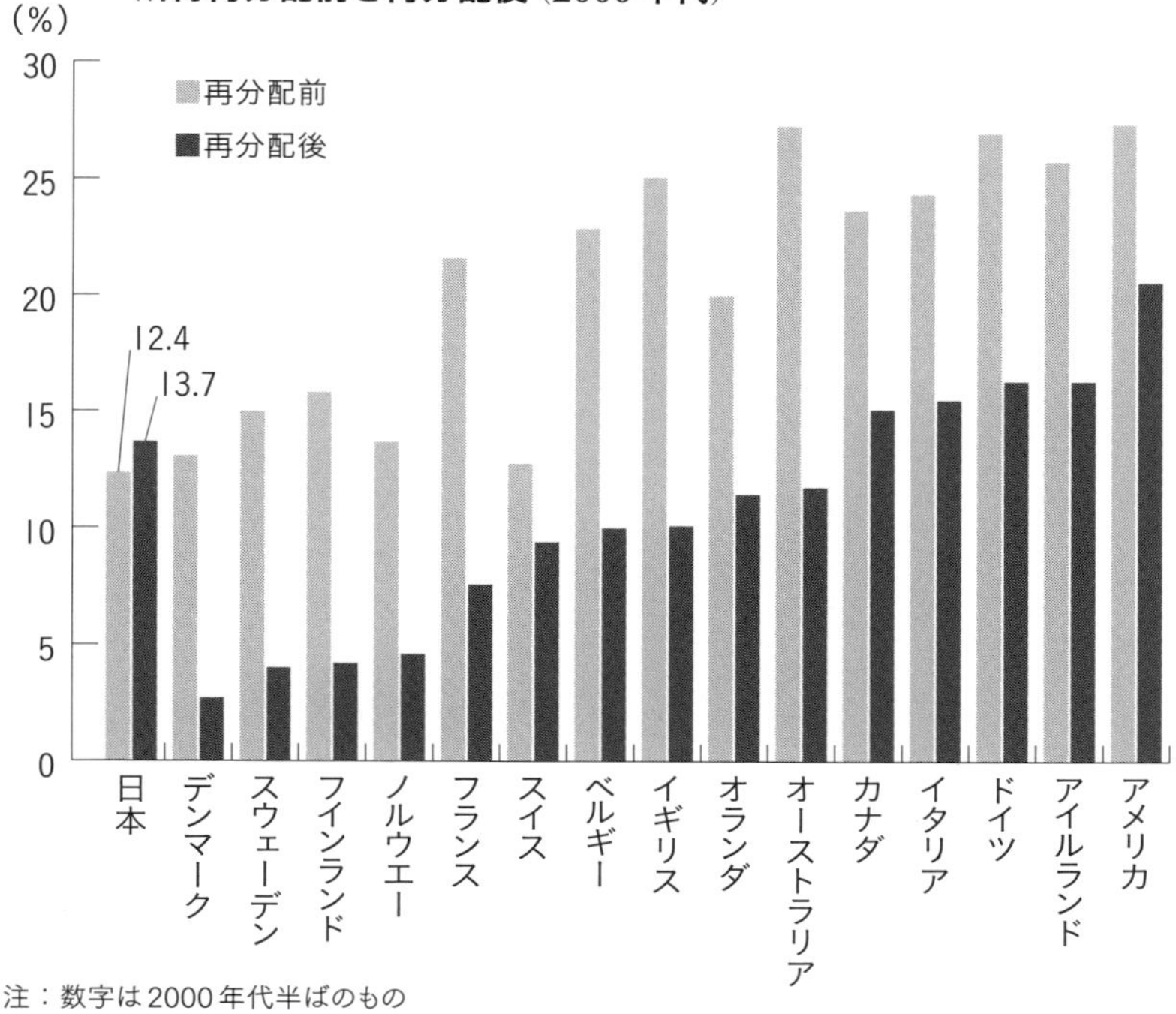

注：数字は2000年代半ばのもの
出所：OECD（2008）*Growing Unequal?：Income Distribution and Poverty in OECD Countries* のデータより山野良一氏が計算・作成。初出『子どもに貧困を押しつける国・日本』光文社新書、2014年

％は全年齢層の貧困率を上まわっています。保育所で接することも多いひとり親世帯に限ると56・4％になります（厚生労働省「平成25年 国民生活基礎調査」。詳しくは本書第1章をご参照ください）。

これらはあくまでも経済的な指標から見た状態であり、相対的貧困率では、貧困と貧困でないことの境界は操作的にすなわち、統計上定義されているだけにすぎません。子どもの貧困のすそ野はより広いと考えられます。

子どもの人権を保障する環境を社会が準備する

人がしあわせであるウェルビーイングは、さまざまな側面を考える必要があります。**図表2**はＯＥＣＤが成人向けに出しているしあわせの条件です。子どもにおいても物的条件と、関連して生活の質が問われます。健康であることと同時に、「ワークライフバランス」は子どもの側から見れば家族が家族としての生活を過ごす時間の質を問います。「教育とスキル」は乳児期においても人が人として文化的生活を享受するため生活者として生きるスキルを身に付けられることです。「社会的絆」は子ども同士、保護者同士、また親族や地域の人が互恵的に支え合う関係を意味するでしょう。「市民としての関与とガバナンス」の語は難しく聞こえますが、ひとりの市民として、おとな同様に子どもが生まれもった人権を大事にされ主体として自ら社会に関与できる権利です。そして、生活環境の質が保障されることで安定して人としていられ、主観的に幸福と感じられることです。と同時にこれらが束の間のものではなく、生涯保障されるためには、乳児のときから**図表2**の下の囲みにあるように、生態系の感受

図表2● 幸福（well-being）に関わる枠組み

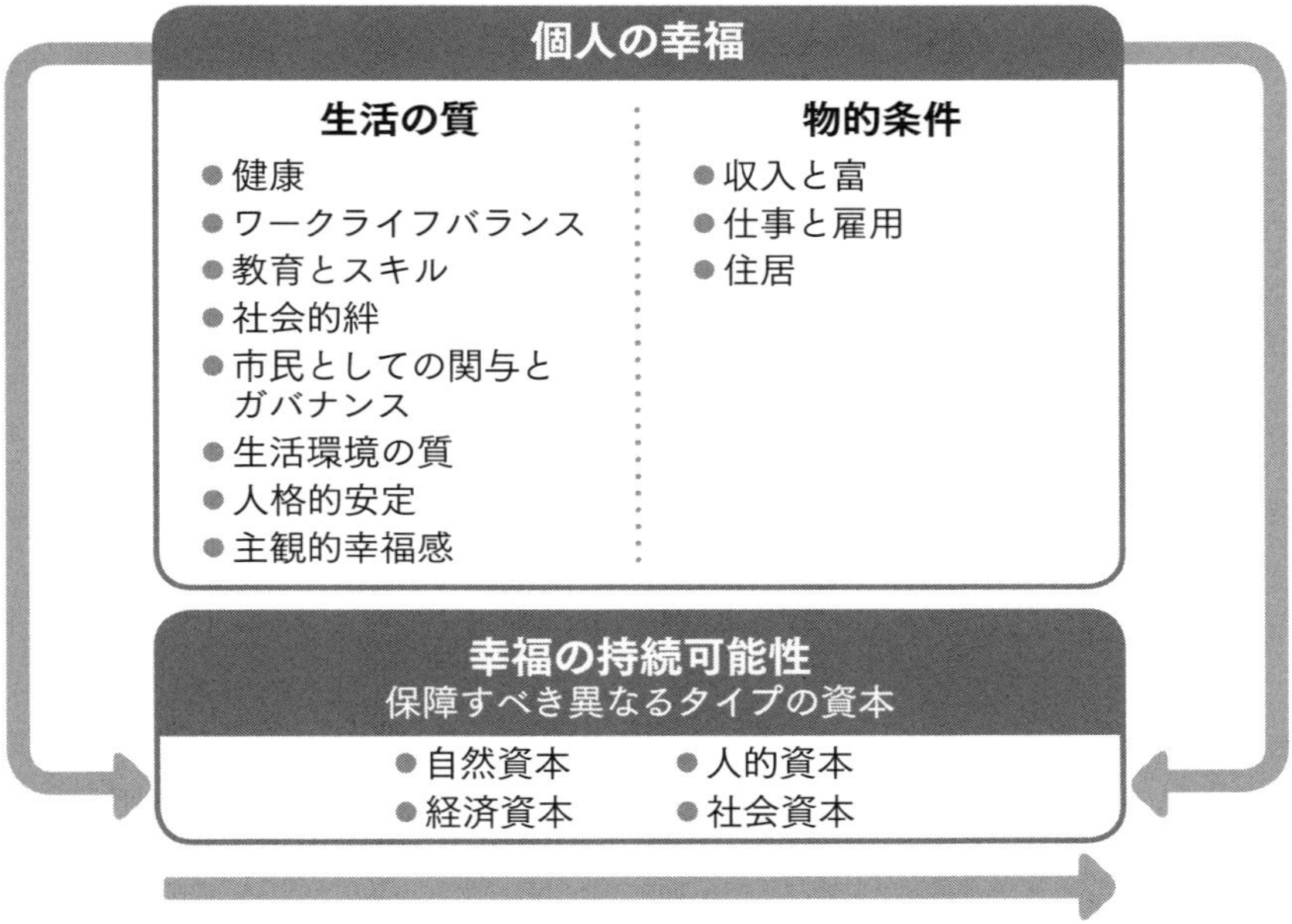

出所：OECD（2011）*How is life? Measuring well-being,* OECD Publishing

性が保護される自然資本、貨幣などの経済資本、他者から支援を受けることのできる人的資本、また、文化的な生活をいとなむための社会資本という四つの資本を有している必要があります。

このような観点から考えると、今、日本の子どもたちは、ほんとうに豊かな生活をしているでしょうか？　特に子どもの貧困の問題は、この四つの資本の保障や生活の質を保障する環境を、親だけが責任を負わされるのではなく、いかに社会が準備できるかが問われているということができます。

世界のなかの日本の子どもの幸福度

ユニセフの国際比較調査から、二つの図表をご紹介しましょう。[4]

図表3は、先進31か国の子どもの幸福度における日本の順位を示すユニセフの資料です。「物質的豊かさ」「健康と安全」「教育」「日常生活上のリスク」「住居と環境」の五つの分野から調査されています。

図表4は、子どもの物質的剥奪を示すものです。物質的剥奪とは、「子どもの貧困をより包括的に把握するため」に用いる指標で、「実際の生活水準を測る方法として広く使われており、国際機関や各国政府によって公的統計に取り入れられることが多くなって」います。ここでは、各国における子ども（1〜12歳）のうち、8品目のうち2品目以上が欠如している子どもたちの割合を示しています。貧困とは、単に所有していないというだけでなく、本来有すべき権利を社会から剥奪されているという認識[5]を私たちはもつ必要があります。

図表3●子どもの幸福度に関する総合順位表

総合順位	国名	平均順位	第1の分野 物質的豊かさ 順位	第2の分野 健康と安全 順位	第3の分野 教育 順位	第4の分野 日常生活上のリスク 順位	第5の分野 住居と環境 順位
1	オランダ	3.2	2	5	2	3	4
2	フィンランド	5.0	1	3	5	10	6
2	アイスランド	5.0	4	1	10	5	5
4	ノルウェー	5.4	3	8	7	6	3
5	スウェーデン	6.0	5	2	12	2	9
6	**日本**	**9.8**	**21**	**16**	**1**	**1**	**10**
7	ドイツ	10.4	10	13	4	11	14
8	スイス	11.0	11	12	17	13	2
9	ルクセンブルク	11.4	6	4	24	16	7
10	ベルギー	11.6	15	11	3	17	12
11	スロベニア	12.0	8	6	6	18	22
11	アイルランド	12.0	17	15	18	9	1
13	フランス	12.6	9	10	15	12	17
14	デンマーク	12.8	13	24	8	4	15
15	チェコ	14.4	14	7	13	19	19
16	スペイン	15.4	26	9	27	7	8
17	英国	17.6	12	17	25	23	11
18	ポーランド	18.0	20	19	11	15	25
18	ポルトガル	18.0	25	14	19	14	18
20	ハンガリー	18.4	16	21	9	22	24
21	オーストリア	19.2	7	27	23	26	13
22	イタリア	19.4	24	18	26	8	21
23	カナダ	19.8	18	28	16	21	16
24	エストニア	21.2	19	23	14	24	26
25	スロバキア	21.4	23	22	22	20	20
26	ギリシャ	24.2	22	20	29	27	23
27	リトアニア	25.8	27	25	21	28	28
28	ラトビア	26.4	28	30	20	25	29
29	米国	28.0	30	26	28	29	27
30	ブルガリア	30.2	29	29	31	31	31
31	ルーマニア	30.4	31	31	30	30	30

注：①上表は先進31カ国の子どもの幸福度における日本の順位を示す。各国の総合順位は、本調査で子どもの幸福度を考察するために使用した5つの分野の平均順位から算出した。
②多くの指標に関してデータが不足していたために、子どもの幸福度に関する総合順位に含められなかったOECD加盟国及びEU加盟国：オーストラリア、チリ、キプロス、イスラエル、マルタ、メキシコ、ニュージーランド、韓国、トルコ

出所：ユニセフ イノチェンティ研究所・阿部彩・竹沢純子『イノチェンティ レポートカード11 先進国における子どもの幸福度――日本との比較 特別編集版』2013年12月

図表4●子どもの剝奪率 国際調査
2つ以上の品目が欠如している子ども（1～12歳）の割合（%）

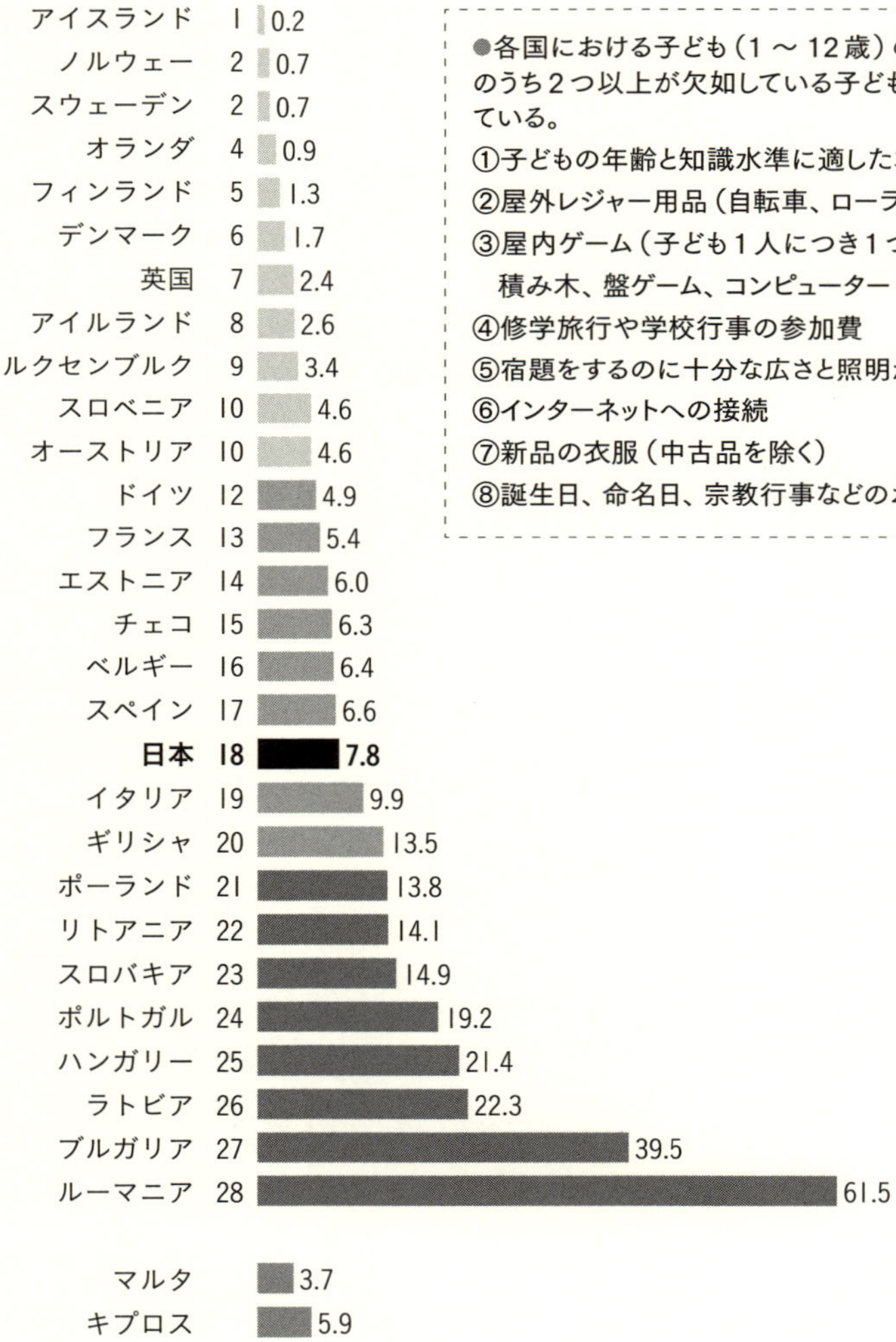

●各国における子ども（1～12歳）のうち、次の8品目のうち2つ以上が欠如している子どもたちの割合を示している。
①子どもの年齢と知識水準に適した本（教科書は除く）
②屋外レジャー用品（自転車、ローラースケートなど）
③屋内ゲーム（子ども1人につき1つ以上（知育玩具、積み木、盤ゲーム、コンピューター・ゲームなど））
④修学旅行や学校行事の参加費
⑤宿題をするのに十分な広さと照明がある静かな場所
⑥インターネットへの接続
⑦新品の衣服（中古品を除く）
⑧誕生日、命名日、宗教行事などのお祝い

出所：ユニセフ イノチェンティ研究所・阿部彩・竹沢純子『イノチェンティ レポートカード11 先進国における子どもの幸福度――日本との比較 特別編集版』2013年12月

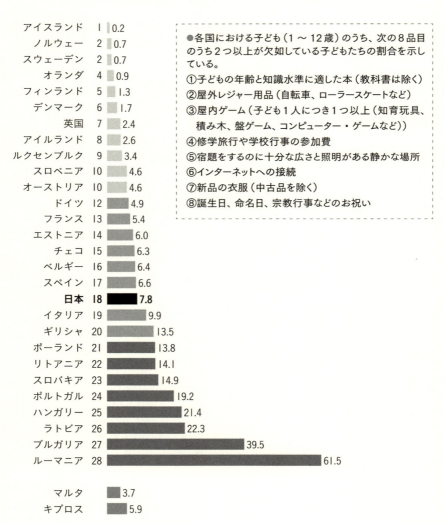

貧困から考えることは保育の最優先課題を考える機会

貧困の問題は、貧困層の子どもや保護者、家庭という特定の層の人への救済支援を考えるのはもちろんのことですが、それだけを問題として論じることではありません。貧困を考えることは子どもの生命の保持や人権と保育、児童福祉の在り方を考えることにつながります。園に通う保護者や子どもたち、時には園に在籍していても実際には登園もままならない子どもたちもいます。その子どもたちを最前線の現場で支えるのは、保育所をはじめとする児童福祉に携わる人々です。保育は、乳幼児期の子どもたちにとって、命綱としての地域のセイフティネットです。家庭が家庭として、親が親としての機能を十分に担えなくなった状況で、地域においてどの子どもたちにも保障される福祉の場として大きな役割を果たしています。

貧困から保育を考えることは、日本社会の子育てにおいて、また保育制度において、社会における保育の機能や価値を改めて考える機会です。保育所の量の拡大が言われます。生計を立てるために働かねばならない保護者増加の現状があり、それに応えることは喫緊の課題です。しかし、子どもたちにとって保育の場はどのような機能が優先されるべきなのかを、子どもの視座から考えることがない量的拡大が、子どもの今に、そしてその後の育ちに何をもたらすのかを考える必要があります。

シングルマザーなど困難な状況の親ほど環境の悪い保育施設に長時間預けねばならない状況が生まれる社会を、私たちはどのようにとらえることができるでしょうか。子どもの貧困と親の貧困の問題は、密接に関連し切り離して議論はできないものです。ですが、子どもの視点から乳幼児期の貧困と保育を整理して、人としての子どもの生きる権利を保障しこれからの社会を考えることが求められます。保育の場を、サービスの授受として提供する者・される者として経済合理性によってとらえるのではなく、地域において人が育つネットワークとしての保育の場の機能やありようをケアのコミュニティの公共性問題として問い直すことが求められています。

それは社会が子どもを育てる責任を母親に負わせ仕事との両立を求めようとしている現在のあり方の価値や、保育者が担っているケアの仕事の専門性とその価値の見直しを求めるものでもあるといえます。

図表5●OECD28か国 1980~2009年のデータで見られた傾向

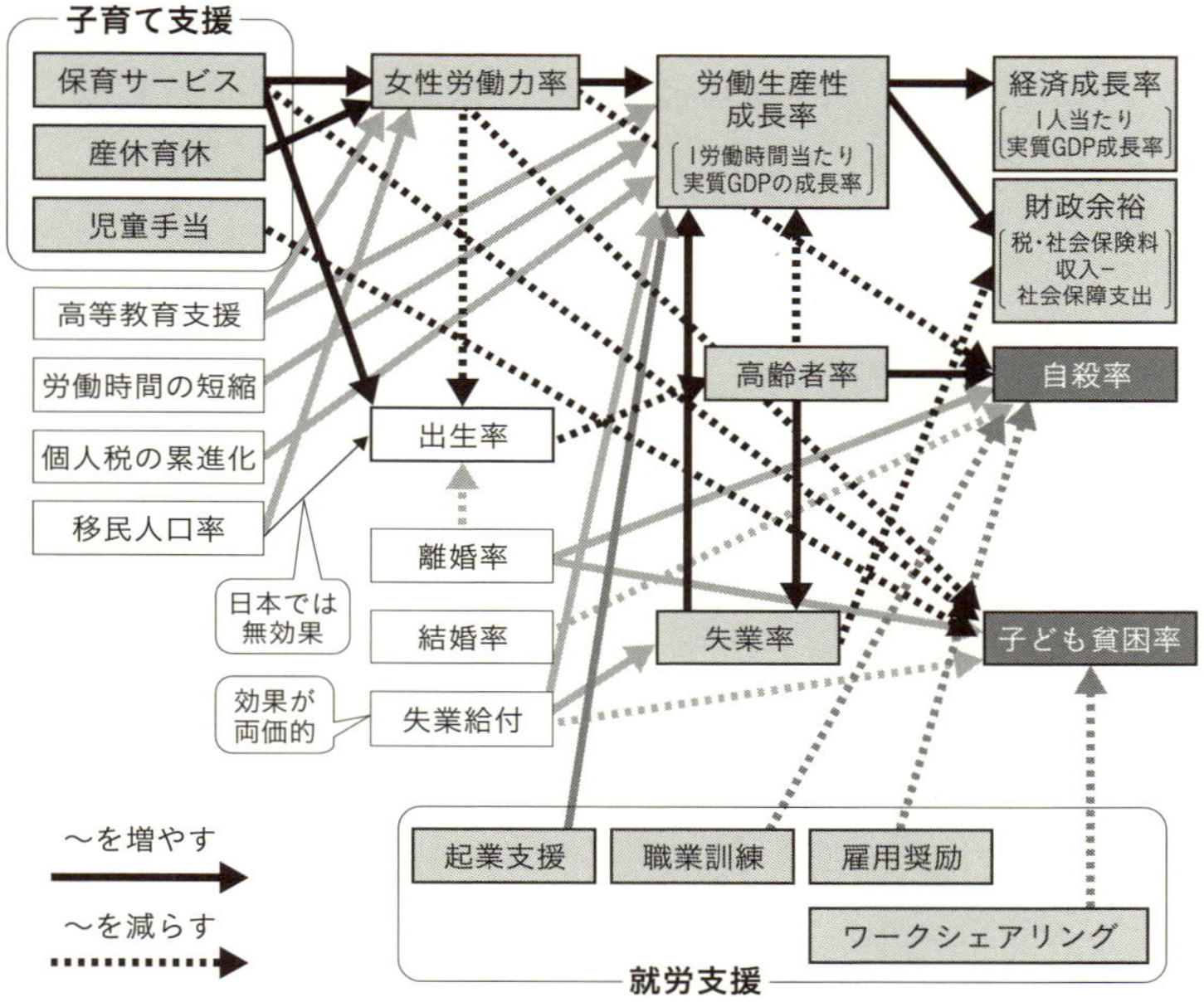

出所：柴田悠『子育て支援が日本を救う——政策効果の統計分析』勁草書房、2016年

政策決定を促すのは子どもたちや有権者の声

また、乳児期の貧困問題と保育やその政策を問うことは、乳幼児とその保護者の問題だけではなく、少子化社会のなかで社会の経済成長や活性化をもたらすことを、社会学者の柴田悠さんが社会学の観点から分析検証をしています。[6] この本では、1980年から2009年までのOECDの国際比較時系列データを用いて、各国が保育や子育てに関わって政策を決め財源を投入することがその国にどのような中長期的に効果を

もつのかを分析しています。細かな説明は控えたいと思いますが、**図表5**を見ていただくとその概要を知ることができます。保育に関わる政策は子どもの貧困率を下げると同時に、国の経済成長を長期的に支えていくことが読み取れます。

ただし重要なことは。このような因果関係が明らかになったからと言って、そのような政策決定の判断が、日本の政治状況のなかでとられるとは限らないということです。その政策の判断決定を促すのは政治家や行政官であり、それらの人を動かすのは、子どもたちや有権者の声ということになります。しかし、この政策への意思決定過程において、大きな声は富んだ人の声となり、ほんとうに必要な声がその決定過程まで届く回路が十分に保障されていないのが現状です。マスコミもまた、一部の親の声に流される風潮も否めません。子どもの貧困対策や保育政策の議論は、少子化社会に向かう日本そのものの社会活性化への提案となるともいえるでしょう。

一人ひとりの困難を抱えた子どもたちや家族への支援の在り方、園として、あるいは地域として、このような子どもたちの保育に取り組む保育士の配置や制度体制の整備、地方自治体や国の行政と支援のための専門家の連携や医療や保育に関わる無償化など、さまざまな次元でさらに深めていくべきことは山積しています。

乳幼児期の子どものしあわせと社会参画のために

ウルグアイのムヒカ大統領の『世界でいちばん貧しい大統領のスピーチ』[7]のなかに以下のような文があります。

わたしたちが挑戦しなくてはならない壁は、とてつもなく巨大です。目の前にある危機は地球環境の危機ではなく、わたしたちの生き方の危機です。人間は、いまや自分たちが生きるためにつくったしくみをうまく使いこなすことができず、むしろそのしくみによって危機におちいったのです。…わたしたちは発展するためにこの世に生まれてきたのではありません、この惑星に、幸せになろうと思って生まれてきたのです。…いままでとはちがった文化をつくるために、たたかい始める必要があるのです。…ほんとうの原因は、わたしたちがめざしてきた幸せの中身にあるのです。見直さなくてはならないのは、わたしたち自身の生き方なのです。…発展とは、人間の幸せの味方でなくてはならないのです。人と人とが幸せな関係を結ぶこと、子どもを育てること、友人を持つこと、地球上に愛があること――こうした

ものは、人間が生きるためにぎりぎり必要な土台です。発展は、これらをつくるこ
との味方でなくてはならない。なぜなら、幸せこそがもっとも大切な宝だからです。

乳児期におけるしあわせの内実として私たちは何を保障すべきでしょうか。栄養や健康はもちろん、人とのつながりや絆としての社会的資本、子どもが主体性をもって取り組み自信をもって人として市民として社会で活躍していくための文化的資本が、保育や子育ての場で保障されることが求められます。

保育は、その防波堤であり、これからの社会の在り方をリードする灯をともす灯台です。子どもを保護や支援をされる存在として見るのではなく、もてる力を発揮して社会に参画している存在、社会を形成していく存在として、私たちはその姿と育ちの過程をとらえなければなりません。そして、そのようなものになろうとする育ちを人生最初期に保障する場として保育をとらえることが求められているといえるでしょう。

貧困と保育だけに焦点をあてた本は、これまでにありません。本書はどこから読んでいただいてもその執筆者一人ひとりの原稿に込められた声が語りかけてくるでしょ

う。そして、本書各章で述べた問いや問題提起をもとに対話が始まり、子どもの育ちを豊かにする保育への一歩がさらに拓かれるならば、編者のひとりとして、心からうれしく思います。

注

1 山野良一『子どもに貧困を押しつける国・日本』光文社新書、２０１４年

2 ＯＥＣＤ「対日審査報告書２０１５年版」２０１５年４月概観 2013 OECD Economic Survey of Japan

3 阿部彩「子どもにおける政府移転の貧困削減に対する再分配効果」（子どもの貧困統計ホームページ１日本における子どもの貧困率の動向）http://www.hinkonstat.net/ 子どもの貧困／１−日本における子どもの貧困率の動向

4 ユニセフ イノチェンティ研究所・阿部彩・竹沢純子『イノチェンティ レポートカード11 先進国における子どもの幸福度——日本との比較 特別編集版』２０１３年12月

5 テス・リッジ『子どもの貧困と社会的排除』中村好孝・松田洋介訳、渡辺雅男監訳、桜井書店、２０１０年

6 柴田悠『子育て支援が日本を救う——政策効果の統計分析』勁草書房、２０１６年

7 くさばよしみ編、中川学絵『世界でいちばん貧しい大統領のスピーチ』汐文社、２０１４年

1

乳幼児期の貧困と保育

保育所の可能性を考える

長崎大学
小西祐馬

本章では、①「子どもの貧困」について乳幼児／保育の視点から捉え直し、②乳幼児とその家族が直面している貧困の現状を明らかにしたうえで、③貧困の解決に向けて保育はどのような役割を果たすべきか、果たす可能性があるのかについて論じていきます。

1 「子どもの貧困」と乳幼児

子どもの「相対的貧困率」

日本の子どもの相対的貧困率は13・9％であり、約7人に1人の子ども、人数にすると300万人近くの子どもが貧困ということです。この相対的貧困率とは、貯蓄などの資産を考慮せずに所得のみを対象として算出され、「等価可処分所得（世帯の可処分所得を世帯人員の平方根で割って調整した所得）の貧困線（中央値の半分）に満たない世帯員の割合」のことです。2015年の貧困線は1人世帯で122万円、2人世帯で173万円、3人世帯で211万円、4人世帯で244万円です（名目値）。この金額未満の所得で生活している子どもが7人に1人となっているのです。[1] **図表1**からわかるように、政府が公表している最も古い1985年の数値から上昇傾向を続けています。また、日本のひとり親世帯の貧困率は50・8％であり、先進諸国で最悪のレベルとなっています。さらに、父親・母親の年齢別にみた子どもの貧困率では、20歳代前半で高くなっています（**図表2**）。

図表1● 子どもの貧困率とひとり親世帯の貧困率（相対的貧困率）

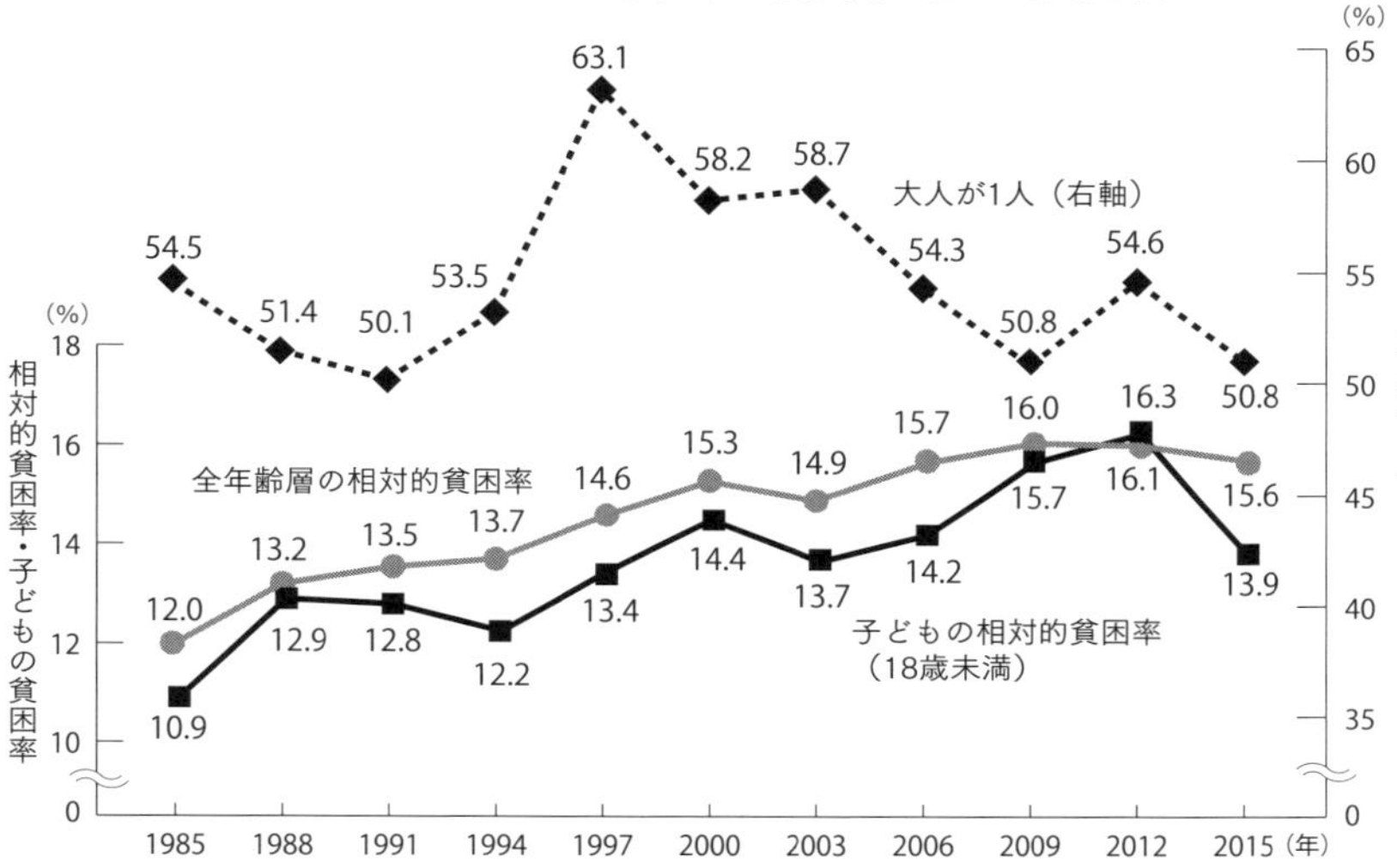

注：子どもがいる現役世帯（世帯主が18歳以上65歳未満で、子どもがいる世帯）のうち、大人が1人の世帯。事実上、ひとり親世帯のことを指す。
出所：厚生労働省『平成28年国民生活基礎調査の概況』

図表2● 父親・母親の年齢別子どもの貧困率（2012年）

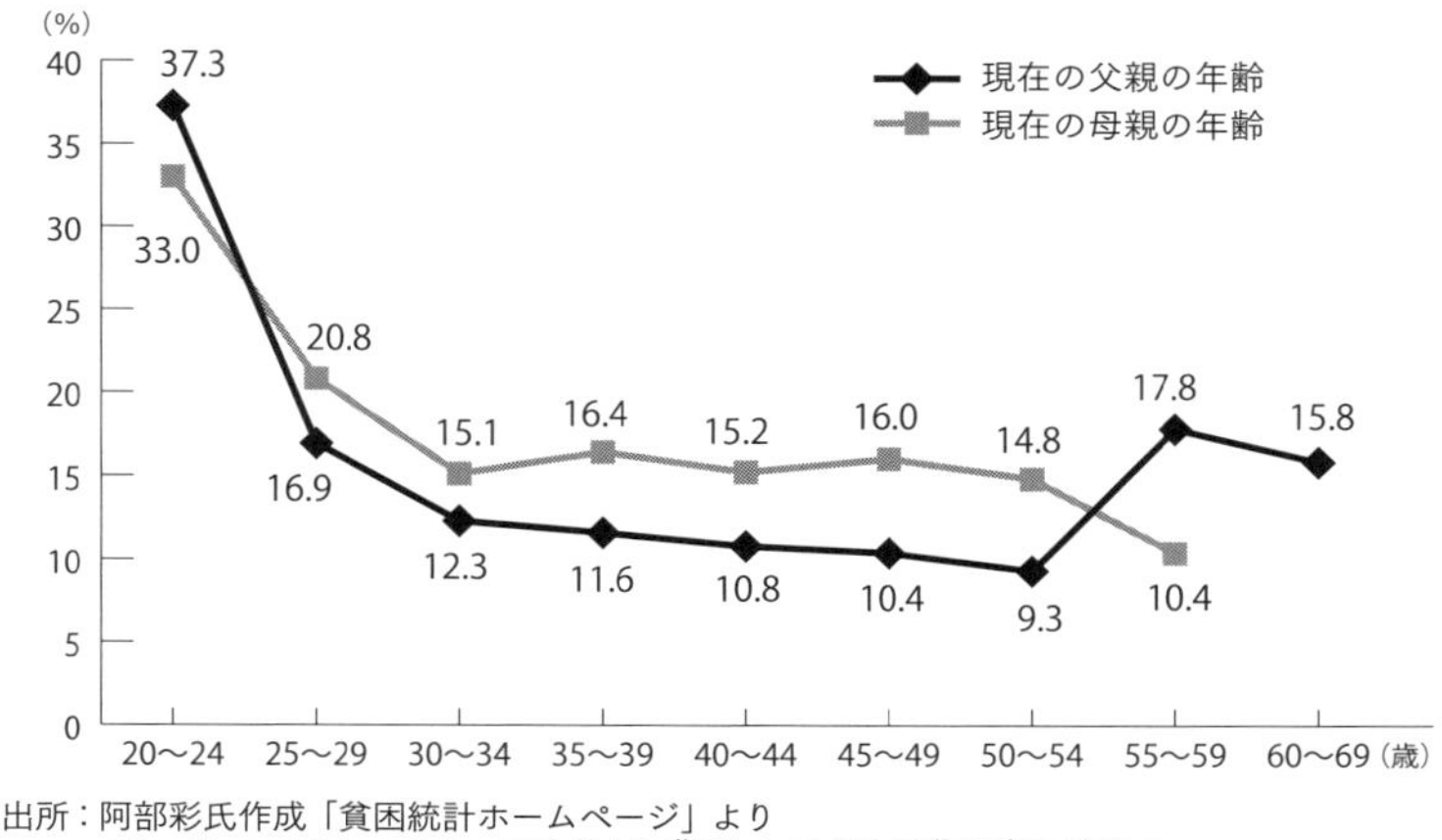

出所：阿部彩氏作成「貧困統計ホームページ」より
http://www.hinkonstat.net/子どもの貧困 -1-子どもの貧困率の動向 /

図表 3 ●「相対的所得ギャップ」と子どもの相対的貧困率の国際比較（2010年）

順位	国名	相対的所得ギャップ	子どもの貧困率（中央値の 50%）
1	ノルウェー	37.00	4.5
2	アイスランド	37.76	6.4
3	フィンランド	38.34	3.7
4	デンマーク	39.54	4.8
5	チェコ	39.62	6.3
6	スイス	39.64	7
7	英国	39.94	9.3
8	オランダ	40.64	5.7
9	ルクセンブルク	41.21	13
10	アイルランド	41.49	6.9
11	オーストリア	41.87	9.6
12	ドイツ	43.11	7.2
13	フランス	43.95	9
14	オーストラリア	44.75	9.3
15	韓国	45.74	8
16	スウェーデン	46.23	9.1
17	ニュージーランド	46.52	11
18	キプロス	47.19	9.1
19	スロベニア	47.29	8.3
20	マルタ	48.21	14.5
21	ハンガリー	48.34	15
22	ベルギー	48.41	10.1
23	ポーランド	51.76	14.5
24	カナダ	53.19	16.9
25	スロバキア	54.21	13.7
26	クロアチア	54.59	14.8
27	リトアニア	54.81	17.8
28	エストニア	55.55	12.4
29	トルコ	57.07	22.8
30	米国	58.85	20
31	チリ	59.03	26.3
32	ラトビア	59.66	16.3
33	ポルトガル	60.17	17.4
34	**日本**	**60.21**	**15.8**
35	イタリア	60.64	17.7
36	スペイン	62.62	20.2
37	イスラエル	64.58	27.5
38	ギリシャ	64.69	22.3
39	メキシコ	65.00	24.6
40	ブルガリア	67.01	23.1
41	ルーマニア	67.08	24.3

注：日本の数値は2013年
出所：ユニセフ・イノチェンティ研究所「レポートカード13　子どもたちのための公平性：先進諸国における子どもたちの幸福度の格差に関する順位表」 http://www.unicef.or.jp/library/pdf/labo_rc13j.pdf

図表3では、「相対的所得ギャップ」と子どもの相対的貧困率の国際比較を示しています。相対的所得ギャップとは、「所得階層の下から10％目の子どもの所得が、所得階層の真ん中の子どもの所得に比べてどれほどかけ離れているかを示す指標」で、「各国で最貧困層に属する子どもたちが、『平均的』な子どもからどの程度取り残されてしまっているかを捉えるもの」[2]です。いわば、「貧困の深さ」を示すもので、これが大きいとすれば、より深刻な貧困が広がっていることが推測されます。

日本は、所得の中央値は211・12万円で、下から10％目の所得は84・00万円でした。相対的所得ギャップは60・21、最も貧しい階層の所得が真ん中の所得（中央値）の4割にも満たないということです。他の先進国と比較してみると、日本は2010年（日本の数値は2013年）の段階で、先進諸国41か国の中で貧困率は14番目に高く、相対的所得ギャップは8番目に大きい国でした。先進国の子どものなかで、日本の子どもが特に深刻な貧困状況にあることはまちがいありません。

「子どもの貧困」とは何か

「貧困率」は、貧困を「低所得」という側面から説明した数字であり、現状を確認する一つの手がかりにはなりますが、一部を説明したに過ぎません。今、日本で問題となっている貧困とは何か――次のように定義しておきます。

なお、貧困の定義については、本書6章菅原ますみ「子どもの発達と貧困」もご参照ください。

子どもの貧困の定義

「子どもの貧困」とは、子どもが経済的困窮の状態におかれ、発達の諸段階におけるさまざまな機会が奪われた結果、人生全体に影響をもたらすほどの深刻な不利を負ってしまうことです。

人間形成の重要な時期である子ども期の貧困は、成長・発達に大きな影響をおよぼし、進学や就職における選択肢を狭め、自ら望む人生を選び取ることができなくなる「ライフチャンスの制約」をもたらすおそれがあります。「子どもの貧困」は、子どもの「いま」と同時に、将来をも脅かします。

これは、個々の親や家庭だけでは解決が難しい重大な社会問題です。

この定義についてイメージ化したものが、左ページの**子どもの貧困イメージ図**です。経済的困窮（お金の問題）が中心にあり、同時にお金の問題を超えてさまざまな不利が複合化する問題であること、そしてそれは社会全体で解決に取り組まなければ特定の家族に長期化・固定化してしまうおそれがあることを示しています。[3]

定義の一つ目のポイントは、貧困の中心にあるのは「生活資源の欠乏（＝モノがない）」であり、現代の日本においては「お金がない」という経済的困窮が何より大きな影響をもつということです。「お金よりも心・意欲の方が大切」や「解決すべきは『心の貧困』だ」「かならずしもお金は重要ではない」という意見は根強いからこそ、まず「お金」の重要性を確認しておきます。

子どもの貧困イメージ図

複合的困難・累積する不利

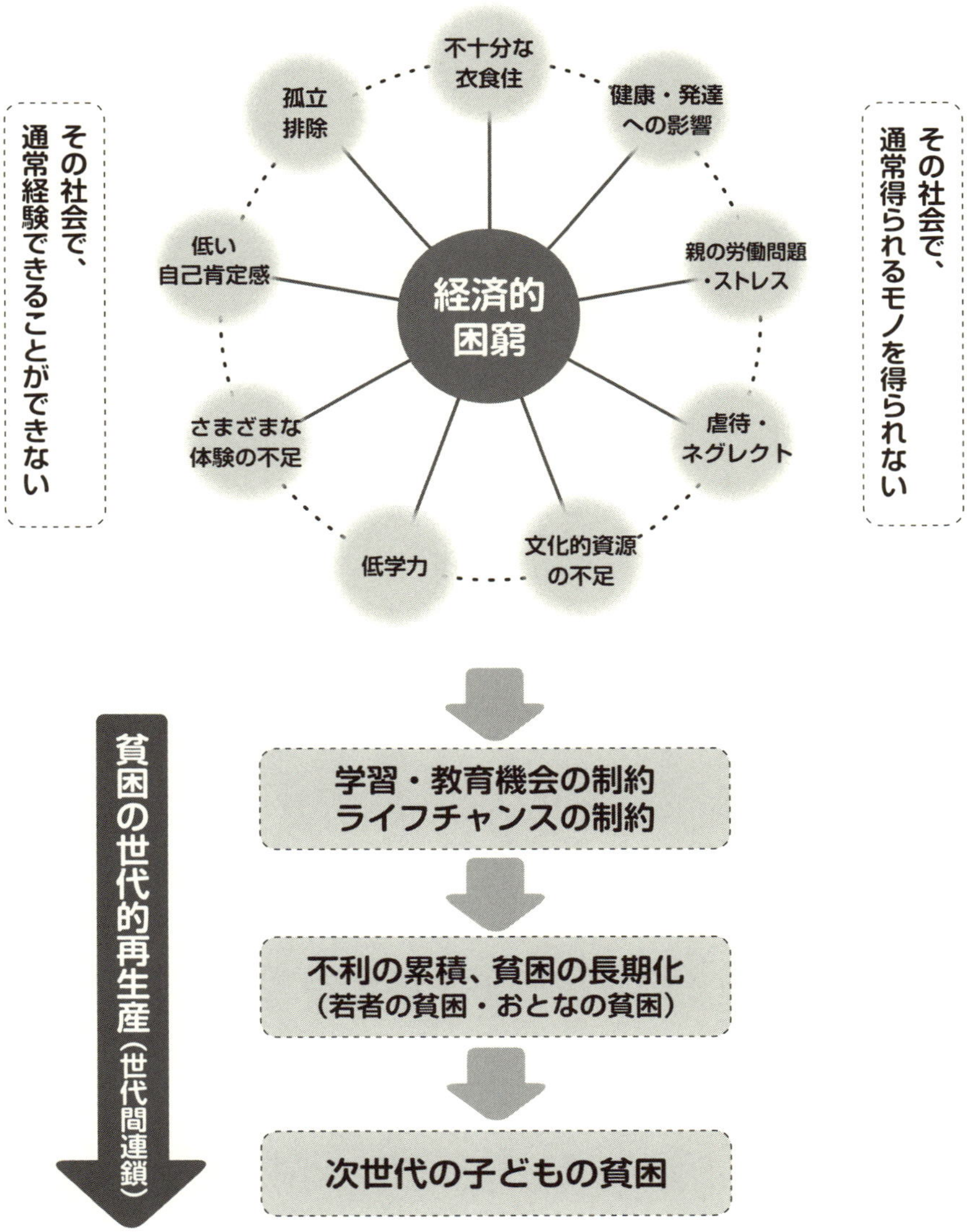

小西作成

むろん「お金がない」という問題は、経済的な次元を超えて、さまざまな不利をもたらしてしまいます。基本的な生活基盤である衣食住をまかなうことから、いのち・健康を守るための医療、余暇活動・遊び、日常的な養育・学習環境、学校教育などのさまざまな局面において、家族の経済状況が大きく関係してきます。このように貧困による不利が複合化し長期化した場合、子どもの能力の伸長が阻まれ、時に自己肯定感が低められ、人や社会との関係性が断ち切られることにもつながることが危惧されます。

また、忘れてはならないのが、「家族依存」の問題です。日本は他の先進国と比べて、子育て・教育に非常にお金がかかる国であり、「恵まれた」家族でなければ安心して子育てできないほどです。そのような社会においては、必然的に貧困の問題が立ち現れることになり、容易には解決が困難であるということです。

貧困による不利は、年齢とともに蓄積されていき、子どものさまざまな可能性と選択肢（ライフチャンス）を制約することにもつながります。「高校卒業」「大学進学」や「就職」などの道が閉ざされ、その結果、おとなになってからも貧困が継続してしまうことも危惧されます。これは「世代内」の貧困の固定化です。子ども時代の貧困が長期化し、おとなに成長して結婚・出産した後もなお貧困だった場合、同一世代に留まらず「世代間」での貧困の固定化（貧困の世代的再生産）、「次世代の子どもの貧困」が起こっていると言えます。[4]

最も深刻な影響をもたらす「乳幼児期の貧困」

「人間形成の重要な時期である子ども期」のなかでも乳幼児期は最重要の時期です。このことは重大な示唆をもたらします。欧米の調査研究によって、他の発達段階における貧困と比較したところ、どの年代よりも、乳幼児期に貧困であるということが子どものその後のライフチャンスを最も深刻に脅かし、おとなになったときにも貧困に陥ってしまうという「貧困の世代的再生産」を引き起こす可能性が高いと明らかにされています。[5] 発達の視点から貧困を捉えた際、子どものその後の成長に対して最も高いリスクをもたらすのが「乳幼児期の貧困」なのです。

社会政策学者エスピン-アンデルセンは、「就学以前の段階で社会的相続に関する重要なメカニズムが埋め込まれている。多くの子どもたちにとって就学以前とは、彼らがひたすら家庭環境に依存する、最も『民営化』されている時期である。事実、ほとんどの教師は、子どもたちの入学初日から、子どもの入学前の準備が非常に不平等であることを悟る。学校には、より一般的に言えば教育制度には、こうした溝を埋め合わせるための、独自の手段はほとんど付与されていない」[6] と述べ、貧困の影響を緩和する支援は就学前に特に手厚くなされなければならないと指摘しています。

また、ノーベル経済学賞を受賞したジェームズ・J・ヘックマンも、就学前教育がその後の人生に大きな影響を与え、貧困削減の効果もあることを示しています（「再配分より事前配分を」）。[7]

こうした研究成果を前提にして、他の先進国は何とか乳幼児を貧困から守ろうとして子育て世帯への支援を手厚く行い、保育の整備にも最大限の力を注いでいます。[8]

日本の対応はどうでしょう。乳幼児期の貧困問題の解決に着手するどころか、「保育に欠ける」子どもが保育所に入れず、子どもの数が35年連続で減少している国です。日本は先進国で最も子どもにお金を使わない国のひとつです。子どもの貧困率と相対的所得ギャップが国際的にみても高いのは、雇用環境の問題であると同時に、社会保障の不備によるものでもあります。日本は「所得再分配前」と「所得再分配後」とで子どもの貧困率の減少度が世界で最も小さい先進国で、社会保障が適切に機能していない国なのです。高所得層と低所得層の格差を縮めるための所得再分配制度が、まったく働いていないのです（5章藤原千沙論文参照）。影響は、乳幼児を育てる家族にも広がっていると考えられます。

2 「乳幼児期の貧困」の現状

養育環境の不平等

貧困率の上昇が止まらず、不平等の拡大が危惧されている現在、乳幼児とその家族にはどのような影響があらわれているのか、乳幼児とその家族はどのような現実を生きているのか。調査研究や報告がまだ少ないため、少しでも実態を明らかにするために調査を行いました。調査は長崎市内の保育所を利用する保護者に回答してもらいました。11か所の保育所（私立2、公立9）に依頼し、調査票の配布数731、回収数420、回収率は57・5％でした[9]。

ここでは所得階層別の結果を提示します。所得階層は、①低所得層（300万円未満、全体の27・1％）、

図表4●日常生活、レジャー、医療

(%)

	家で果物をほとんど食べない	家でスナック菓子を週5日以上食べる	パソコンを持っている	スマートフォンを持っている	ひな人形を持っている	住居がとても狭く感じる	この1年で泊りがけの旅行に行っていない
300万円未満	17.3	13.5	47.1	93.3	33.3	16.3	60.6
300万〜500万円	14.2	8.4	71.0	90.4	41.7	8.3	54.8
500万円以上	7.4	7.4	69.7	90.2	47.4	5.0	34.4

	旅行・レジャーの資金が不足している	子どもは習い事をしている	インフルエンザの予防接種を毎年している	おたふくかぜの予防接種をした	経済的に厳しくて病院に行けない
300万円未満	50.0	5.9	48.5	28.7	7.7
300万〜500万円	51.6	12.3	43.2	23.9	0.6
500万円以上	30.3	26.9	60.3	45.4	0.0

②中所得層（300万円以上500万円未満、全体の41・0%）、③高所得層（500万円以上、全体の31・9%）の三つに分けました。

①生活・経験の不平等

まずは**図表4**に沿って、生活の諸側面における格差・不平等について見ていきます。食生活について、朝食・夕食の頻度、内容（肉、魚、野菜、果物、カップ麺、ファストフード、コンビニ弁当など）をたずねたところ、「果物を食べる」「スナック菓子を食べる」は所得と関連していましたが、食事の頻度やその他の食材を食べる回数などではあまり大きな違いは見られませんでした。

子どもの持ち物（絵本、おもちゃ、洋服など）について十分持っているかという設問では、大半では所得階層による違いは見られませんでしたが、ひな人形、パソコンなどいくつかについては中・高所得層ほど保有している割合が高くなるという結果となりました。スマートフォンについては低所得層が93・3％、高所得層が90・2％と、低所得層のほうが高くなりました。

「衣食住」のうちの「衣」(洋服は十分か）については所得による差はほとんどありませんでしたが、住居面では「とても狭く感じる」と回答する低所得層が16％にのぼり、所得の影響が見られる結果となりました。

「この1年で泊りがけの旅行に行ったことがある」は、「行っていない」という回答が300万円未満層では6割であるのに対し、500万円以上では3割となっています。これと関連して、「旅行・レジャー資金が不足しているか」という質問についても、所得によって違いが見られました。「習い事」でも所得と関連が見られ、所得が低くなるほど習い事をする割合も低くなっています。

②医療の不平等

親・子ともに、健康状態については今回の調査では所得階層との関連は見られませんでした。しかし、予防接種（インフルエンザ、おたふくかぜ）をしているかどうかにおいて所得と関連があり、おたふくかぜでは低所得・中所得層が予防接種率20％台なのに対し、高所得層では45％となっています。

長崎市の医療助成制度では、保護者が負担する医療費は、一つの医療機関あたり1日800円、月上限1600円となっていますが、「経済的に厳しくて病院に行けない」という項目について、低所得層のみ約8％が該当しました。医療費については、左記のように、無料である今はよいが小学生になってからが心配という声が自由記述欄に寄せられました。

- 小学生になると医療費が3割負担になることに不安を感じています。薬代だけでも現状のように無料にしていただきたいです。
（父母・子ども2人、年収700万～900万円）

- 医療費の負担を減らしてほしい。他県では無料なのに長崎に引っ越してきてから負担があることを知りびっくりした。小学校入学と同時に大人と同料金になり、上の子たち（小学生）はよっぽどでないとつれていけない。インフルエンザの予防接種も高すぎてうけられない。保育園は家から徒歩でいける所にあるのに、いっぱいで入れず、わざわざ車で送迎しないといけないところへ行かないといけない。
（父母・子ども3人、年収300万～500万円）

③子どもとの関わり

子どもとの関わり方（養育スタイル）について**図表5**にまとめました。「怒って手が出ることがある」「イライラして怒鳴ることがある」「どのように接したらいいかわからなくなることがある」などにおいて、所得による違いが見られました。これらは事態が深刻化すると育児不安や虐待につながることも危惧されます。孤立しないよう、周囲に相談できる人がいることが重要ですが、今回の調査回答者の99％は「相談できる人がいる」と回答しました。相談相手は「自分の親」「配偶者」が高くなっています。低所得層で「配偶者」が非常に低くなっていますが、これはこの層の54・4％がひとり親世帯であることによるものと思われます。「保育所の先生」を相談できる人として挙げたのは、全体では2割台に留ま

図表5● 子どもへの関わりとつながり

（%）

	子どもを怒って手が出ることがある	子どもにイライラして怒鳴ることがある	子どもにどのように接したらいいかわからなくなることがある	相談できる人 自分の親	配偶者	ママ友・パパ友	保育所の先生	いない
300万円未満	37.0	80.0	38.8	73.5	30.6	31.6	30.0	2.0
300万～500万円	37.8	76.9	34.2	74.7	73.3	36.0	21.2	1.3
500万円以上	33.3	76.7	28.7	74.4	79.5	30.2	25.4	0.8

図表6● 進学期待（%）

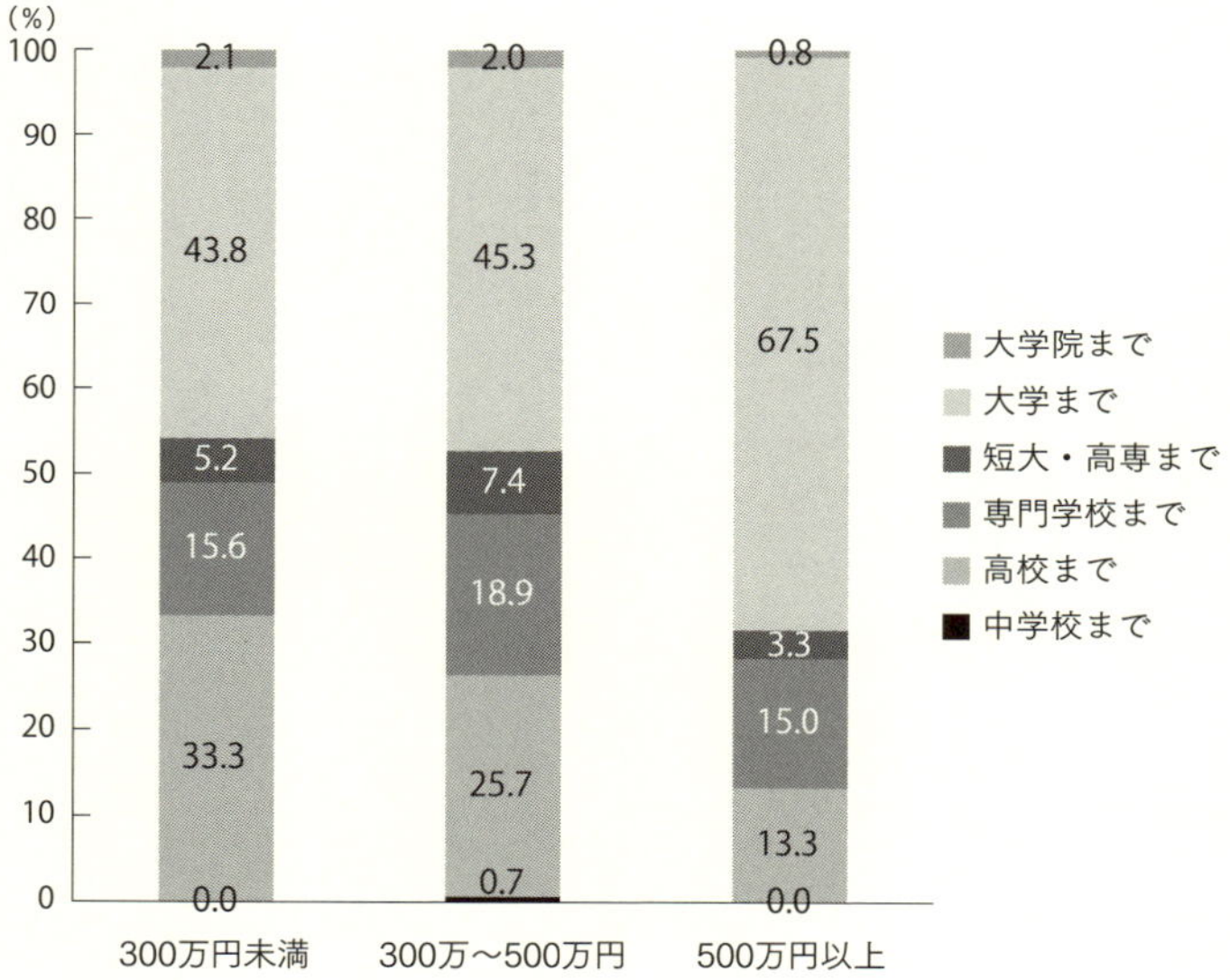

図表7●経済的な困難

(%)

	生活状況		負担が大きいと感じているもの				
	大変苦しい	やや苦しい	食費	洋服代	おもちゃ代	保育料	病児保育代
300万円未満	12.6	41.7	38.8	36.7	15.3	33.3	11.2
300万〜500万円	6.5	39.0	35.3	28.8	7.3	56.4	8.7
500万円以上	1.7	10.7	17.9	22.5	4.3	68.0	9.5

	不足していると感じる費用					家計に不安・悩みがある
	毎日の生活費	突然の出費のための貯金	親の交際費	子の教育費	特にない	
300万円未満	32.0	71.2	21.6	34.3	10.7	61.0
300万〜500万円	26.5	65.0	18.5	26.3	14.4	52.6
500万円以上	5.0	43.4	7.7	12.8	44.2	26.7

りましたが、低所得層では30%と最も高くなりました。相談相手を「いない」とした割合が、中所得層で1・3%、低所得層で2・0%となっています。非常に少ないながらも、経済的に困窮し、かつ孤立している家族の存在が危惧されます。

「お子さんに、どの段階の学校まで進んでほしいと思いますか」という、いわゆる「進学期待」(**図表6**)は所得との関連がみられました。大学まで進学してほしいという回答は、500万円以上の層では7割近くに上りましたが、300万円未満の層では4割ほどでした。300万円未満の層では「高校まで」が3割を超えています。

貧困の現実

経済的な困難の状況(**図表7**)について検討していきます。現在の暮らし向き(生活状況)を尋ねたところ、「大変苦しい」「やや苦しい」において、高所得層と低・中所得層の違いが顕著であることがわかります。

「負担が大きいと感じているもの」では「食費」「洋服代」「おもちゃ代」などで所得階層との関連が見られました。先述したように、おもちゃ、絵本、洋服などは量としては所得にかかわらず「十分ある」と保護者が感じている状況がありましたが、それをそろえるための負担は同等ではないということです。一方で「保育料の負担が重い」という項目では所得が高い層ほど高くなっています。応能負担の保育料は、無料の世帯もあれば月額5万円以上という大きな負担が課せられる世帯もあり、不公平感をもたらしているようです。自由記述欄において、次のような意見がいくつかありました。

●保育料が高い。シングルマザーの方がゆとりあるように感じる。

（5人家族、父母・子ども3人、年収400万〜600万円）

「不足していると感じる費用」では、300万円未満の低所得層では「毎日の生活費」と答えた人が3割、「突然の出費のための貯金」は7割に上りました。「親の交際費」「子の教育費」についても所得階層と相関していました。高所得層では4割以上が「特にない」と回答していますが、低所得層でここに該当するのは1割にとどまっています。「不安や困っていること」で「家計」と回答した割合も、所得階層との関連がみられ、低所得層では6割が「家計に不安・悩みがある」と回答しています。

アンケートの自由記述欄にはさまざまな声が寄せられました。そのなかで際立っていたのは、母子世帯の深刻な状況です（個人が特定されないよう、一部を再構成しています）。

◎昨年から3人の子供のシングルマザーになり、父親がいない分、経済面で私が頑張らないと…と思い、パート時間を増やしたのはいいけど、休日も出勤が多く、子供との時間がとれません。その割に給料は少ないし、交通費も出ないどころか駐車場代も引かれ。正社員も考えているが資格も持っていないし時間もないです。今住んでるアパートも、上の子たちが同じ学校に通えるようにと高い家賃を払っていますが、苦しく、近くの市営を待ってるがなかなか空かず…。もっと母子家庭優先を増やしてほしいです。

(母・子ども3人、年収100万円未満)

◎パートで仕事をしているときに離婚し、その後、子供に障害があることがわかりました。毎週施設へ行き、月1回は別の施設に行き、とてもじゃないけど正社員で働くことも出来ません。Wワークで働いています。同居の祖母も大病を患い、身体障害者です。高齢で少しボケはじめ、たよれる人もいません。生活保護を受けると生命保険も車もダメだし。私1人の稼ぎで毎日ギリギリで生活しています。もっと親身に話を聞いてくれるところもほしいし、支援も考えてほしいと本当に思います。

(母・子ども1人・祖母、年収100万～200万円)

同じような深刻な状況・悲痛な叫びがいくつも寄せられました。経済的な困窮、子育てと仕事の両立の困難、子どもと向き合う時間/精神的余裕のなさなど、アンケート調査の集計だけでは浮かんでこない現実があります。

調査から見えてくること

この調査では、「乳幼児の養育環境の不平等」を明らかにすることを試みました。回答者は、保育所を利用している家族の中で、A4で8枚にわたるアンケート調査票を記入し、保育所まで持ってきてくれた人たちという限定があります。本当に深刻な困難を抱えている人々の声を十分捉えるには至っていないかもしれませんが、現代の貧困・不平等の一端は見えたのではないでしょうか。低所得層に不利・困難の偏在が多くみられた一方で、あいまいな項目もありました。今後の検討が必要ですが、貧困の「不可視性」(見えづらさ)の最新の状況が浮かび上がったのかもしれません。いまの子育て家族は、スマホはもちろんのこと、年収300万円未満層でも5割近くがパソコンを持ち、洋服も子どものおもちゃも絵本もそろっていると感じている家庭が多く、朝食も毎日食べています。病院も9割以上が通院できています。このような見方に立つと、福祉制度を利用している人々への次のような非難が生じることも理解できるかもしれません。

◉生活保護や母子家庭の方など、とても優遇されているように思います。御主人がいるのに母子家庭になり手当てをもらっている方や、働けるのに保護費をもらっている方などいます。行政の方もしっかり、みきわめてほしいです。働いている方はバカバカしいです。

(父母・子ども3人、年収900万円以上)

高所得の世帯だったとしても、子どもの将来を心配せざるを得ないほどに子育てと教育にお金がかかるのが日本であり、現在も高い保育料に悩まされている。その一方で「大して困ってなさそう」なのに社会保障制度を利用して「優遇」されている人がいる、不公平だ!……と、「働いている方」から「手当・保護費をもらっている方」へ厳しい視線が向けられています。子どもにやさしい社会を共につくっていく仲間が集まっているはずの保育所内に、亀裂が生じてしまうような状況があります。

貧困や不平等は、容易には見えません。社会の変化とともにその「見えづらさ」も変化しているようです。しかし低所得層においては、生活が大変苦しい(13%)、住居がとても狭い(16%)、病院に行けない(8%)、相談相手がいない(2%)と答える人々が確かに存在しているのです。突然の出費のための貯金が不十分な人が7割を超えています。借金もあるかもしれません。そして、自由記述欄における訴えは、緊急的な対応の必要性を感じさせるほどでした。一見、問題がなさそうでも、実はとてつもなく大きな不平等と、深刻な貧困があるのが現在の状況です。

3 解決に向けて ● 保育所の可能性

では、問題の解決に向けて、何をどうすればよいのでしょうか。現在進められている「子どもの貧困対策」について概観したうえで、貧困解決における保育所の可能性について考えていきます。

「子どもの貧困対策法」における保育の位置づけ

２０１３年６月に「子どもの貧困対策推進法」が成立しました。冒頭は以下のとおりです。

（目的）

第一条　この法律は、子どもの将来がその生まれ育った環境によって左右されることのないよう、貧困の状況にある子どもが健やかに育成される環境を整備するとともに、教育の機会均等を図るため、子どもの貧困対策に関し、基本理念を定め、国等の責務を明らかにし、及び子どもの貧困対策の基本となる事項を定めることにより、子どもの貧困対策を総合的に推進することを目的とする。

（基本理念）

第二条　子どもの貧困対策は、子ども等に対する教育の支援、生活の支援、就労の支援、経済的支援等の施策を、子どもの将来がその生まれ育った環境によって左右されることのない社会を実現することを旨として講ずることにより、推進されなければならない。２（略）

第一条には、「子どもの将来がその生まれ育った環境によって左右されることのないよう」、つまり、将来が平等に保障されることをめざして、「子どもの貧困対策を総合的に推進すること」が目的とされています。そして第二条に、「貧困対策」の四つの柱として「教育の支援」「生活の支援」「就労の支援」「経済的支援」が挙げられています。

この法律の成立を受けて、「子供の貧困対策に関する大綱――全ての子供たちが夢と希望を持って成長していける社会の実現を目指して」（以下、「大綱」とする）が2014年8月に定められました。大綱には、直接的に保育に関係する記述は一か所だけあります。「第4 指標の改善に向けた当面の重点施策」のうちの「1 教育の支援」において、以下のように書かれています。

（2）貧困の連鎖を防ぐための幼児教育の無償化の推進及び幼児教育の質の向上

幼児期における質の高い教育を保障することは、将来の進学率の上昇や所得の増大をもたらすなど、経済的な格差を是正し、貧困を防ぐ有効な手立てであると考えられる。このため、全ての子供が安心して質の高い幼児教育を受けられるよう、「第2期教育振興基本計画」等に基づき、幼児教育の無償化に向けた取組を財源を確保しながら段階的に進める。

子ども・子育て支援新制度における幼稚園・保育所・認定こども園の利用者負担額については、世帯の所得の状況を勘案して設定することとしており、特に低所得世帯の負担軽減を図る。

また、質の高い幼児教育を保障するに当たっては、とりわけ小学校以降における学びとの連続性等の観点から、幼児期に取り組むべき教育の内容について検討を行い、充実を図るとともに、自治体における保幼小連携の推進や教職員の資質能力の向上のための研修の充実等の方策について検討を進める。

さらに、幼稚園教諭・保育士等による専門性を生かした子育て支援の取組を推進するとともに、就学前の子供を持つ保護者に対する家庭教育支援を充実するため、家庭教育支援チーム等による学習機会の提供や情報提供、相談対応、地域の居場所づくり、訪問型家庭教育支援等の取組を推進する。

ここで目指されているのは、「全ての子供が安心して質の高い幼児教育を受けられるよう」にすることです。「全ての子供」という文言が入ったことは、幼児期の平等性を目指すうえで重要なことで、法律の趣旨からして当然のことではありますが、評価できます。そして、その「質の高い幼児期」は「とりわけ小学校以降における学びとの連続性の観点から」検討されるとのことです。幼児教育は「幼児期にふさわしい生活」（幼稚園教育要領）を通して行われることとなっています。この「大綱」に基づく施策も、「幼児期にふさわしい生活」をしっかりと保障するものでなければなりません。「小学校以降における学び」を意識するあまり、小学校の「先取り教育」「早期教育」を、「貧困対策」の名のもとに推し進めようということになれば、大いに問題です。

さて、先述したように、貧困との関連で考えた際、乳幼児期は人生で最も重要な時期です。最も貧困から遠ざけられて育てられるべき時期です。その手厚く支援すべき乳幼児への支援が、「幼児期における（小学校を意識した）質の高い教育」「家庭教育支援」などだけでは、十分とは言えません。

乳幼児の貧困問題の解決に向けて目指すべきなのは、第一に、経済的な支援の充実です。先に述べたように、貧困とは「お金がない」という問題です。現在行われている「子どもの貧困対策」は新たな予算措置の不要な施策、特に「教育の支援」に傾いており、財源を要する経済的支援はほとんど構想されていません。経済的困窮に対応するような策が求められます。具体的には、児童扶養手当や児童手当の増額、給食費、学用品費、医療費等の減額・無償化などです。

そして第二に、貧困対策として、保護者の就労環境の改善はやはり欠かせない方向性です。求人倍率は上がったとしてもそのほとんどが非正規で、世界的に見ても著しく低い最低賃金のもとでは「脱貧困」は簡単ではありません。まともな賃金のまともな職が用意されるべきです。しかし、その大前提になるのは待機児童をなくし、希望するすべての子ども・家族が利用できるよう保育所を整備することです。保育所を利用できないことで、失業、低所得、貧困へと至ることもあります。待機児童をなくしたうえで、保護者の就労環境を整えていく必要があります。

保育所の可能性

保育所は「貧困からの脱出」を目的の一つとして生まれた施設です[10]。21世紀になり、(不幸なことではあるのですが) 再びその理念にスポットライトが当たることになりました。最後に子どもの貧困の解決における保育所の可能性について触れていきたいと思います。

第一に、保育所は養護と教育を一体的に提供し、子どもの多様な活動・経験を保障します。厳しい生活状況から離れて安心して過ごし、たくさんの友達と夢中になって遊べること——こうした経験を乳幼児期の子どもたちに平等に保障することは、すべての子どもにとって意義のあることですが、とりわけ貧困のもとで育っている子どもにとって重要なことです。先に挙げたヘックマンが言うように、乳幼児期に保育を受けることによって、その後のライフチャンスが増大するのです。

第二に、保育所は親にとっても大きな支えとなります。保育所の大きな特徴として、保護者がほぼ毎日訪れる場だということが挙げられます。保育所は、小学校以降と比べて最も保護者と触れ合う機会があり、不安や困難を抱えている保護者にアプローチしやすい施設なのです。同時に、多くの保護者が集まる場であり、保育所を通じて、多様な「つながり」が生まれる可能性があります。保育所は、「孤立」を解消し、保護者と保育士のつながり、保護者同士のつながり、そして他の社会福祉制度など地域の社会資源を利用する基盤となる場です。子どもだけでなく、厳しい労働・生活に直面している親のセーフティネットにもなっているのです。

そして第三に、保育所は地域の子育て家族を支援する役割も担っています。保育所に毎日登園してくる子どもと家族だけでなく、その地域で生活する子どもと家族にも開かれているのが保育所です。地域における子育て支援の拠点となる、公的な役割をもっているのです。

以上のように整理することはできますが、現実はまた異なるでしょう。すべての保育者が貧困問題に対して理解があるわけではないのが現状だと思います。貧困が「見える」ようになってはきました。しかし保育の場で、子どもと親の背景にある困難、親自身の成育歴、そして社会状況を踏まえつつ、子どもと親のニーズをしっかり見極めて適切に支援を行うことは決して簡単なことではありません。保育所と保護者が対立するのではなく、困難な状況にある保護者を「だらしない」「何もやらない」「親としての自覚がない」と責めて終わるのではなく、そうした家族の背景には何があるのかを想像する視点が必要になってきます。

保育所・幼稚園の先生と話していると、「親としての役目を果たしていないように見える保護者」に対してはどうしても厳しい目をもたざるを得ないのだろうと感じます。子どもと長時間接し、「子ども中心の視点」を備えている保育者が、「子どもの最善の利益」に反するような保護者の行動にあきれたり怒ったりというのは当然の姿かもしれません。しかし、そうした親の中には「貧困の連鎖」の中に生まれ落ち、放置され続けてきた結果が現在だという人もいるかもしれません。「かつて、救われなかった子ども」が、いま目の前に親としているのかもしれない――こうした認識は保護者への対応を変えることにはつながらないでしょうか？

社会全体での子育てをすすめるために

「少子化なのになぜ待機児童が生まれるのか？」[11]というもっともな疑問があります。確かに大いなる矛盾です。しかし、見方を変えると、むしろ「少子化になるような国だからこそ、待機児童も生まれる」「待機児童を生み出してしまうような国だからこそ、少子化になる」とも言えないでしょうか。そして、そのような国だからこそ、子どもの貧困率も上昇し続けているのではないでしょうか。すべての根にあるのは、「子どもへの公的支出は少なくてかまわない」「子育ては家族の責任」という、「家族主義・家族依存」の社会構造です。「家族のケア（育児・介護・看護など）は家族の責任で」という、「自己責任」「家族責任」が強固に根付いているのが日本です。「貧困だけ」「待機児童だけ」「少子化だけ」に取り組むのではなく、今こそ子どもと家族に対する見方を根本的に転換させ、すべての子どもとその家族が安心して生きられる日本社会の将来を総合的に考えていくべきです。

多くの人々が「社会全体での子育て」「子育ては社会の責任で」という価値観をもつためにどうすればよいのか。このとき、「保育所」という場が非常に大きな鍵を握っていると思います。家族主義のもと、子育ては親の責任によって担われるものとされてきた日本において、「社会全体での子育て」をすすめていく可能性が、保育所にはあると思います。同時に、保育所における保育は、子育て支援の核となる場です。保育者の就労環境を大幅に改善し、子どもの「ケア」に関わることの意義を社会全体で認めていく必要があります。

謝辞：本稿で取り扱った調査を実施するにあたり、多くの方にご協力をいただきました。お忙しい中アンケートにご回答いただいた保護者の皆様、アンケートの配布と回収をしていただいた保育所の先生方、本当にありがとうございました。深く感謝いたします。

付記：本稿はＪＳＰＳ科研費の助成を受けた「地方都市における乳幼児期の貧困の構造」（課題番号２５８７０５３３）の成果の一部です。

●本稿は、『現代と保育』（ひとなる書房）90〜92号において連載された、小西祐馬「貧困と保育」を再構成し、大幅に加筆・修正したものです。

注

1 なお、たとえば貧困線以上の収入があったとしても、家族の障害・病気などでより多くの出費があったり、ローン・借金の返済が重かったり、または親がお金の「やりくり」が苦手だったりすると、当然ながら生活は厳しくなります。そして、これだけ貧困問題が深刻化している現在の日本においてさえ、貧困は非常に「見えない」ものであり、一見、周囲と変わらない生活を送れているように見えても、実際には貧困ギリギリだということが多々あります。

2 ユニセフ・イノチェンティ研究所「レポートカード13 子どもたちのための公平性 —— 先進諸国における子どもたちの幸福度の格差に関する順位表」http://www.unicef.or.jp/library/pdf/labo_rc13j.pdf

3 貧困と同じく、近年大きな社会問題となっている子どもへの虐待も、貧困との関連が注目されています。虐待が起こった状況を調べてみると、「経済的困難」「不安定就労」「孤立」といった困難を抱える家族が多く該当しています。子どもへの虐待だけでなく、高齢者虐待やDVも含め「貧困と暴力」もまた複雑で慎重な検討を要するテーマです。短絡的に結び付けるのではなく、問題の構造的な理解が求められます。

4 「貧困家族で育った子どもが親と同じように貧困になってしまう」現象について、「貧困の世代間連鎖」「貧困の世代的再生産」「貧困の世代間継承」などいくつか呼び方がありますが、ここでは「貧困の世代的再生産」としています。「親から子への連鎖」といった単線的・決定論的な現象ではなく、その社会における教育制度や社会保障制度、イデオロギー(「家族主義」など)が深く関与した構造的なプロセスであると理解することが必要だという含意があります。

5 Greg. J. Duncan and Jeanne Brooks-Gunn eds. *Consequences of Growing Up Poor*. Russel Sage Foundation, 1997.
小西祐馬「先進国における子どもの貧困研究——国際比較研究と貧困の世代的再生産をとらえる試み」浅井春夫・松本伊智朗・湯澤直美編著『子どもの貧困——子ども時代のしあわせ平等のために』明石書店、２００８年

6 G・エスピン－アンデルセン『アンデルセン、福祉を語る』ＮＴＴ出版、２００８年、p.64

7 ジェームズ・Ｊ・ヘックマン著『幼児教育の経済学』東洋経済新報社、２０１３年

8 OECD, Starting Strong II: Early Childhood Education and Care, 2006.
邦訳『ＯＥＣＤ保育白書　人生の始まりこそ力強く——乳幼児期の教育とケア（ＥＣＥＣ）の国際比較』明石書店、２０１１年

9 調査時期は２０１４年12月〜２０１５年3月です。事前に保育所長・園長に調査の趣旨を説明し、調査票を郵送するか持ち込むかして保育所内での配布・回収をお願いしました。

10 宍戸健夫『日本における保育園の誕生——子どもたちの貧困に挑んだ人びと』（新読書社、２０１４年）など参照。

11 猪熊弘子『「子育て」という政治——少子化なのになぜ待機児童が生まれるのか？』角川ＳＳＣ選書、２０１４年

2

保育現場にみる子どもの貧困

人生最初の6年間で育めるもの
保育所保育から見る貧困と福祉

けやきの木保育園園長
平松知子

1 「先生、お母さんすき?」●みきちゃんの不安を抱きとめて

明日はお休みをするという3歳児のみきちゃんに、「そうなの? それはさみしいわ」と言えば、みきちゃんは、「さみしいの? みきが来ないとさみしいの?」と顔をのぞき込んできます。「さみしいよ。でも、お母さんとお出かけをするんだものね。みきちゃんのお母ちゃんは、いつもがんばって働いているから、お楽しみがあるのはいいことだよね」——そう言った私のひざにするりともぐり込んで、みきちゃんはさらにこう言いました。

「園長さん、お母さんすきなの?」

唐突に思えるこの質問の意味を、私は探りあぐねていました。「もちろん、大好きだよ」と言った後も、みきちゃんのまなざしの奥に、どんな感情があったのかはかりかねていました。保育園の先生が自

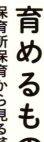

紹介

けやきの木保育園

- 所在地　名古屋市中村区
- 設置主体　社会福祉法人熱田福祉会
- 認可　1978年　あつた共同保育所から、認可を取得して、のぎく保育園開園
- 沿革　2007年　名古屋市初の公立「則武保育園」民営化にともない、けやきの木保育園開園（定員110名）
  - 2011年　家庭保育室けやきの木開所
  - 2012年　家庭保育室を分園化、定員130名に
  - 2013年　同区に3歳児までの「びわの実保育園」を開園
  - 2015年　船方学童保育所運営開始
- 定員　130名
- 法人理念　働く父母の権利を守り、子どもの全面発達をめざす。
- 開園時間　7:15 ～ 20:15
  同法人「のぎく保育園」で日・祝日保育を実施。
- 特徴　子育て支援センターを併設。一時保育や子育てひろばを実施。
  夜間保育のための夕食を提供。
  「ちょこっと記録」などの実践交流を日々行っている。

2016年4月現在。詳細はホームページをご参照ください。http://www.atsutafukushikai.nagoya/keyaki/index.html

分の母親を好きでいてくれることに、すこし驚いたように確認をしたみきちゃん。それは裏を返せば、登園の身支度はまったくしないで、いつも衣類カゴはからっぽで、ノートやタオルも持ってこない、園の物を貸せば返ってこないし、登園時間はバラバラで、お迎え時間はいつも20時を過ぎてしまう……そんな「私のお母さん」を、それでも園長さんは好きでいてくれるの?と探られているようにも感じ、抱っこしている腕に力がこもったような気がします。

「大丈夫、保育園はそれぞれの事情を理解して、どんな子でもどんな家庭でも、『ここがあってよかった』と思ってもらえる場所なんだ」と、心のなかでつぶやく私でした。

みきちゃんは、おかあさんとふたり暮らし。離れて暮らす「お父さん」とは事情があって入籍はしていません。20代前半の母親は、スーパーのパートで正規職員並みに月曜日から土曜日まで毎日働いて生計を立てています。祖父母の援助がまったくないなかで、養護施設から1歳前に引き取って、そのときからけやきの木保育園に入所をしています。ひとり親家庭の貧困率は50・8%[1]と、おとなが2人以上いる家庭に比べて非常に高くなっていますが、みきちゃんの家庭も母親のパート賃金だけで生計を立てており、その生活は苦しいものでした。働いた分だけの賃金で生活をするということは、体調が悪くても働かなければ食べていけないことにつながります。みきちゃんのお母さんも、そんな無理がたたって、過労から足を引きずってお迎えに来るようになりました。

2 踏み出す勇気、生活保護 ● 見えてきた職場の過酷さとつながり

心配した職員たちが、20時過ぎに迎えに来るみきちゃんのお母さんにかわるがわる声をかけますが、「足が痛いんですよね、でも大丈夫」と、お母さんは言い続けました。しかし、町内のくじ引きで職員が当てて使ってもらうことにした自転車に、いよいよみきちゃんを乗せることもできず、職員の手を借りるようにまでなったときに、園の看護師が受診をするように強く勧めました。やっとお休みをもらった日に受診をすると、「しばらく休養が必要」との診断がおりました。しかし、お母さんは休もうとはしませんでした。

私たちは、このままでは働けなくなってしまうどころか、日常生活もままならぬ状況になることを考え、ついにお母さんに生活保護を受けることを提案しました。これには、事務職員が親身になって関係機関に連絡を取り、しばらく職場を休んで休養をすることを勧めてみました。生活保護はイヤなのかなとも思いましたが、話してみると、「何とかしなければならないと思ったけれど、どこにどうすればよいのか、さっぱりわからなかった」と、私たちの提案をほっとしたように受け入れてくれました。

申請するときは、区役所まで事務職員が付き添いました。生活保護は、手続きもあるし金融機関の通帳の額面も見せなければなりません。職場の仕事内容も詳しく聞き取りをされます。そこで私たちは、パート職員なのに1日の拘束時間が労働基準法違反ではないかと思うくらい、過酷な現場だったことを

初めて知るのでした。手続きが進むにつれ、私たちの「そんな職場は辞めればいい」という感情とうらはらに、お母さん自身は、その職場でつながっている地域のおばちゃんや職場の仲間に支えられていることもわかってくるのでした。ひとり親家庭で生活も子育ても無表情で淡々とこなしているように見えた母親の、小さくてもかけがえのない社会が、そこに存在することもわかってきました。退職や転職になかなか割り切れないのは、そのような人とのかかわりを絶ちたくない願いがあるからだったのだと、私たちはどこかほっとしたのでした。

3 ゆとりが生み出す根っこの感情 ● ゆとりがなければ甘えられない

実際、生活保護を利用するようになって、みきちゃんのまわりには大きな変化がありました。まず、閉園時間ぎりぎりだった20時過ぎのお迎えが、17時のお迎えになりました。やっと、勤務を時間短縮してもらえるようになったようです。私たちとしては、すっぱりと休業を勧めたのですが、前述の「お母さんの居場所」としての職場は、お母さんの希望通り守っていく方向になりました。毎日ほとんどの友だちが先に帰ったあと、10人前後のいつもの仲間と夜保育で夕ごはんを保育園で食べていたみきちゃんの、クラスの仲間に「じゃあね、お迎えが来たから先に帰るね」と宣言して手をふる姿は、とてもうれしそうでした。また、帰り際に事務室の私たちに、「きょうも、夕ごはんキャンセルでーす」と胸を張って言うみきちゃんも、どこか誇り高く、私たちもうれしくなりました。

ようすがもっと変わったのは、朝の時間でした。登園時間は遅めでバラバラ。お母さんは職員には何も言わず、無表情で玄関とびらを開け、まるで荷物のようにギュッとみきちゃんを園舎の中に押し込めて、何も言わず去っていくのが毎日でした。みきちゃんの手にはチョコパン。「なかなか起きないから」と菓子パンを自転車に乗りながら食べ、残りは事務室で食べます。そんなときのみきちゃんは無表情で顔に覇気はなく、周囲のおとなたちをにらむように不機嫌きわまりない日々が続いていました。もう少し小さかったときには、みきちゃんがぐずって泣くこともありましたが、空《くう》を見つめるお母さんがみきちゃんの目をとらえることはなく、「あぁ、うざい」とつぶやいた声を聞いたことがありました。しだいに、みきちゃんは泣くことさえもあきらめていったように見えました。

しかし、短時間勤務になってからは、この朝の風景が激変しました。まず、お母さんがちゃんと保育室まで連れ添ってくれるようになったのです。すると、何も言われず玄関に押し入れられていたときには一切見せなかった別れ際の後追い泣きを、みきちゃんはするようになったのでした。「おかあちゃんがいい～っ」と、出勤しようとするお母さんにすがりつき、泣きわめくみきちゃんの目は、どこかうれしそうに映りました。そして、お母さんも、そんなみきちゃんに驚きながらも、ある日担任に、「かわいいって思った」と、ぽつりと言ったそうです。

朝ごはんだって、自宅で母親と一緒に食べるようになりました。「きょうはねぇ、コーンフレークを食べてきた」。用もないのに事務室に来ては、報告をしてくれるみきちゃんの顔は、チョコパンを周囲をにらみながら食べていたときとは別人の笑顔です。

私たちは、みきちゃんのこの変化こそ「ゆとり」が生み出すものだと感じていました。大好きなお母ちゃんが出勤してしまう悲しさを、乳児の頃からどの子もあたりまえに泣くことで表現をします。でも、それだって受けとめてくれる親がいてこその後追い泣きなのです。その母親にゆとりがなく、受けとめられぬ状況だとしたら、子どもは感情さえも封印して、親とのかかわりをあきらめてしまうことを、背景に困難さをもつ子どもたちは、私たちに教えてくれます。貧困は、この「ゆとり」を奪います。ゆとりがないと、わが子をかわいいと思えない。ゆとりがなければ、子どもだって親に甘えられないのです。感情の根っこが表出しだした母と子でした。

4 そこに保育所がある ● 子育てで困ったら保育所に行こう

子どもの生活をつくり、福祉機関として家庭を援助につなげる

保育所は、就学前の0歳から6歳が対象の施設です。多くの場合、親の就業や病気の看護などさまざまな要件で養育が困難な家庭の子どもを預かっているので、日中毎日を過ごす生活の場となっています。その特質を生かして、子どもたちの生活そのものをつくることと同時に、家庭での生活をどこよりも早くキャッチし、適切な援助の道に結びつけられる重要な福祉機関でもあります。特に0歳から6歳

という、生まれてから最初の6年間に「愛されている安心感」や「おとなは自分の成長をとても楽しみにしてくれている」という実感のもとに育まれる温かい感情は、その人の一生にかかわる重要な軸となります。この就学前の機会は、子どもの人格形成期でありその責任も重大です。だからこそ、しっかりとした専門知識を有した保育資格者による、基準を満たした施設での保育提供でなければなりません。

そして、利用者である親子にとっては、そこで保育されることや子育ての援助が受けられることは、当然の権利であって本来はどこに暮らしていてもその権利は保障されるべきものです。しかし、都市部は待機児童、農村地域では少子化で保育施設の統廃合など、保育においてはさまざまな問題があり、豊かな保育がどの家庭にも保障されているとは言えない状況があります。特に、貧困世帯には、インターネットを駆使した情報収集や、自家用車で地域の施設をくまなく見学して申し込みに結び付けるまでの時間もゆとりもないことがほとんどです。

しかし、本来、保育所は児童福祉施設なので、公の機関が児童福祉法の理念に基づき、生活困難者であれば必ず自治体の責任のもと、入所を保障することが義務づけられています。保育所の本来の存在意義は、このような困難さを抱える家庭であっても、専門的な知識に裏打ちされた保育者による良質な保育を受け、家庭とともに豊かな乳幼児期を過ごすところにあるといえます。

「子育てで困ったら、保育所に行こう」——そんな住民の要求に沿った運営が、各自治体各地域で望まれます。

「ひとりよりも、みんなで遊んだほうがずっと楽しい」――そんな日々が紡がれてゆきます。

信頼感と安心感を育んで小学校へ送り出したい

そんな保育所にしかできない役割は、なんと言っても「生活の場」での子どもや家庭への寄り添いです。1日の起きている時間のほとんどを過ごす保育所では、子どもたちはその子らしい姿を見せてくれます。時に暴れてしまうことも、ささいなことで友だちにぶつかってしまう姿も、おとなの言うことなんて聞くものかというなんとも言えない目で私たちをにらむときも、そのすべての行為に理由があります。プロの保育士は、決して現象面だけで判断をし頭ごなしに叱ったりはしません。「どんな行為にも必ず理由があるはず」と、たとえその行為が困った行為であっても、そうせざるをえなかった背景に思いをはせられる保育者でありたいと、私たちは現場に立っています。その子さえも気づいていないほんとうの気持ちに寄り添い、その子の背景も含めて理解する作業を、毎日毎日小学校就学まで紡いでいくのです。

そんななかで、子どもは「自分らしくあっていい」感覚と「どんな自分でもわかってくれる人がいる」心地よさを感じていきます。こうして大切に受けとめられて、仲間との遊びがひとりぼっちでいるよりもずっと楽しいことを知っていく子は、やがて自分と同じように友だちにも気持ちがあることを知り、配慮が必要な友だちや、困った行為をくり返す仲間にも、「きっとなにか困っている」と寄り添い、人を大切にできる根っこが6歳までに確実に育ちます。[2] 困難な事情を抱えても、人とのかかわりを簡単にはあきらめない信頼感と、たっぷりと愛されて育つ時間をくぐった安心感を、どの子にもしっかりと心のなかに育んで、小学校へ送り出してあげたいと願います。

「きょうの給食なぁに？」、給食室のカウンターで。

5 見えにくい貧困 ● 保育者に求められる「福祉のまなざし」

保育所はSOSを出してよいところと伝えたい

相対的貧困率から、貧困状態の子どもは6人に1人とも言われています。一つのクラスには必ず1人以上いる数字です。しかし、実感がともなわないといった現場の声もよく聞こえてきます。貧困家庭は、それと見てわかる姿で私たちの前に現れるばかりではありません。携帯電話を持っていても、外食やコンビニ利用ばかりであっても、生活に余裕があるわけではなくなっています。しかし、どうしようもなく自暴自棄になったり、家族に暴力をふるったり、高額なローン会社に駆け込んだりする前に、「ここでもSOSを出していいんだよ」というメッセージを保育所では大事にしたいところです。

そこで、重要なのはいちばん子どもや親の生活に近いところで接している職員たちの「福祉のまなざし」です。

たとえば、「洗濯をしてきてくれない」という家庭や「提出物がまったくでない」「忘れ物が多すぎる」「持ち物に記名をしてくれない」「おたよりを読んでいないのではないか」と言った具合に、まず「困った親」として私たちはキャッチするのかもしれません。そこは、前述のように「どんな行為にも必ず理由がある」は、子どもだけでなく親にもあてはめたいところです。洗濯や子どもの支度までできないくらい、くたくたになるまで働いているのかもしれません。持ち物に記名をしなかったり子どもの支度をしなかったりするのは、だらしがないからではなく「親自身も子どもも時代にそんなことをしてきてもらえなかった」からなのかもしれません。だから、一般の家庭よりもていねいなはたらきかけが必要です。

そうやって、困った親を「ほんとうに困る」で終わらせない、保育者として社会にも目を向けたうえで、その家庭の事情を理解し援助しようとする「福祉のまなざし」が、乳幼児保育の職員には求められます。

親も家庭もまるごと包んで共有する

年数を重ねて学習も積んだ保育者たちは、そのまなざしがより豊かになっていくのを感じます。「今朝、こうちゃんのお父さんがずっとお母さんをどなっていたのですが、この頃お母さんも顔色が悪くて気になります」と、子どもだけでなく、その親のことも目にとめて、気になることはすぐに園長に報告をしてくれる職員たち。気になるアンテナは人それぞれですが、「子どもにとって最善」をめざす職場では、子の後ろにある家庭や親のこともまるごと包んでのはたらきかけが欠かせません。

そして、大切なのは、「決してひとりで判断しないこと」です。保育所との信頼関係は、子どもにとっても親にとっても大切な社会の窓口であり、信頼関係が崩れて登園をしなくなってしまっては、その子の命さえも守ることができないからです。ささいな情報でも、職員間で共有することによって、別の職員が違う角度で知りえた情報につなげることもありますし、親へのはたらきかけも「だれが」「いつ」「どのように」するのかを職員間で話し合い最善と思われるはたらきかけをしたいからです。

けやき食堂——父母のリクエストで始まった、親子で給食を食べる企画。

また、保育所だけで抱え込まないことも重要で、そのために常日頃から関係機関（保健所・福祉事務所・児童相談所など）とも連携をとっておくことは言うまでもありません。

6 保育所でのケアだけでは終わらせない ● 卒所後もつながることを願って

現場で困難な背景を持つ家庭と接しているうちに、私は保育所時代だけしかかかわれないもどかしさを感じるようになりました。忘れ物をしても、洗濯ができなくても、遠足の弁当が作れなくても、「大丈夫、保育所の物を貸してあげられるからね」「弁当は、半分分けてあげるから」でよいのだろうかという気持ちでした。やさしくて手厚い保育所時代は、それでやり過ごせるのかもしれない。しかし、この子たちは、わが子の支度もできない、ゆとりのないなかで身につくべき生活力もついていない親たちと一生親子でい続けなければならないのです。貧困家庭に生まれたのだからしょうがない、学校に行ってもあきらめて忘れ物の多い子で生き続けるのか――そんなことはイヤです。

そう考えたときに、ケアだけでは足りない、「生きる力」「生活力」を他の子どもたちより少し早く、がんばってつける手伝いをしたいと思うようになりました。明日のクッキングで必要なエプロンを忘れないように、エプロンペンダントを作ってお迎えのお母さんの前で首にかけてあげると、そのペンダントを家の玄関ノブにぶら下げ、翌朝そのペンダントに気づいて母親とともにエプロンを用意できたと、うれしそうに登園してくる子どもたちです。[3] 親たちにも、油性マジックを貸して私の目の前で持ち物に記名をしてもらったり、問診票などの重要書類は、ポストに入れず看護師が直接渡してその場で書いてもらったり一つひとつの生活技術や社会のルールを身につけてもらえるように援助し求めています。

「ここは非難して排除するところではない」――社会で選別され続けて生きる貧困家庭の親たちは、シビアに保育所の姿勢を認識して、信頼を寄せてくれます。私たちはその信頼を裏切ることなく、ともに子育てをするパートナーとして、時に求め、時に励まし、いい関係を卒所後もつながれるように願っています。

7 貧困の防波堤 ● 保育所で育てたい力

子どもを持ちながら貧困で苦しんでいる家庭は、多くの場合こうなった原因は自分たちにあり、だれにも頼らずがんばらなければならないと、もがいています。でも、がんばることができなくなったとき、人は生きる意欲を失い、よりよく生きることをあきらめてしまいます。そんな親を見た子どもたちもまた、大好きな親たちの顔色をうかがい、自己の気持ちにふたをし、やり場のない感情を怒りや冷たいまなざしに込め、私たちに向かってき

大切にしたいこと
1.自ら考え行動する
2.人の話に耳を傾ける
3.人を思やる心
4.自分へのゆるぎない自信
5.愛されている安心感

ます。「子どもは社会の存在である」から「子育ては自己責任で抱え込んではいけない」ということを知らないで、生きるのが苦しい家族が多いように感じます。そんなときに、身近な社会の窓口としての「保育所」が存在します。たいへんな事情を抱えた家族が入所できると、「ようこそ保育所に」と心から思います。この社会的資源につながって、ほんとうによかったと心から思います。

おなかいっぱい温かい給食を食べ、楽しい仲間とのあそびと生活が保障され、自分が大切にされる心の寄り添いを安心して受け、子どもたちは豊かに発達していきます。

いくら保育所時代に、どんな自分も受けとめられ、まっすぐに自己を主張する力をつけたとしても、学校教育や社会人になって、たくさんの理不尽さに拳《こぶし》を握ったり、いわれのない理由で傷つけられたりするのかもしれません。

でも、そんなときに目の前の人だけを憎んだり自分を卑下したりしていろんなことをあきらめていく人生にまっしぐらではなく、時代に抗して生きる人になってほしい。そのための、人生最初の6年間であってほしいし、その時代に受けたたくさんの「自分の気持ちを言ったらわかってくれた」経験や、「誰かに助けてと言ったら何とかなった」経験をおみやげ袋にたくさんつめて小学校へ送り出したい。つらくなったときに、この袋の中のあったかい経験で傷ついた心を包んだり、それでも前を向くたくましさにつなげたりしてほしいと願わずにはいられません。

なぜ、貧困は生まれるのか。

この現状はどこからきているのか。

どうして貧困にさせられているのか。

広い視野で社会をとらえる民主的な生き方を、「自分がどう生きたいのか」を、大切にされた保育所時代にたっぷりと体感していってほしい。

そして、私たち保育者自身がなによりも、貧困の背景をその人の責任で終わることなく、社会のなかで生まれている実態を把握し、社会的資源としての保育・福祉をとらえる学びを続けていかなければならないと感じ、公的保育所制度が続いていくことを願わずにはおられません。


写真提供＝筆者／写真は本文の内容とは関係ありません。

注

1 厚生労働省「平成25年国民生活基礎調査」２０１４年発表、２０１２年時点。
2 平松知子『発達する保育園 大人編　大人だってわかってもらえて安心したい』ひとなる書房、２０１２年
3 前掲書

保育所でできる

子どもの貧困問題への気づきと対応
ようこそ！ 保育所に

平松知子

生まれて最初の6年間をどの子も豊かに支える福祉機関

親が働いている時間帯には毎日登園して、子どもが1日を過ごしている保育所は、子どもたちの生活そのものをつくることと同時に、家庭での生活をどこよりも早くキャッチし、適切な援助に結びつけられる重要な福祉機関でもあります。

特に0歳から6歳という、生まれてから最初の6年間を「愛されている安心感」や「おとなは自分の成長をとても楽しみにしてくれている」という実感のもとに育まれることは、その人の一生にかかわる重要な軸となります。この就学前の時期は、子どもの人格形成にとって、その責任も重大で、だからこそしっかりとした有資格者による、基準を満たした施設での保育提供でなければなりません。

困難を抱えた子ども・親は、どのクラスにもいます

貧困は、生活保護世帯やひとり親家庭など、わかりやすく表れることばかりではありません。「なにかおかしいな」「どうしてこうなのだろう？」と保育者が感じる違和感は、そのままにしないで職員間で共有し、その背景をぜひ探ってみてください。

特に、「困ったなぁ」と保育者が感じるときには、その家庭自体に困難がひそんでいる場合が多くあります。

こんな保護者はいませんか？

「困った親」は、困っている場合が多い

洗濯をしてこない

洗濯機がないとか、洗濯もできないくらいくたくたという労働実態がしのばれるケースも。
「お母さん、仕事どう?」
気軽に日常を語り合おう。

**忘れ物が多い
持ち物に記名がない**

だらしないと決めつけないで。その親もまた、記名なんてしてもらえずに育ったのかも。持ち物を持って来られる工夫を、親子とともにしてみよう。

**登園時間がバラバラ
欠席しがち**

生活力を奪われるような過酷な労働で、体調を壊しているケースも。場合によっては、家庭訪問や職員が登園補助も行って、**登園を励ましていこう**。

こんな子どものようすはありませんか？

言えなくても、子どものまなざしは語っている

**朝から覇気がない
元気がない**

食事や睡眠は、十分とれているのか確認。
「朝ごはん、食べた?」
「きのうはよくねむれた?」

**不安感が強い
落ち着きがない**

安定した生活でなければ落ち着いて遊べません。その子の要求は何か——**保育環境を整えて記録し、保育の手立てを検討しよう。**

**大きい音や人の出入りに
敏感。あざがある**

もしかしたら、すさんだ生活になっていて、DVや虐待、親のアルコール依存症などが見られる場合も。**必要な場合は、関係機関に通報も。**

子どももおとなも

保育所で育めるもの・育みたいこと

困難さを抱えて生きる場合の多い、貧困世帯の家族たち。しかし、そんな背景があるからこそ、保育所という社会への窓口を通して出会えたことに、「ようこそ！　保育所に」と両手を広げて歓迎したい気持ちになります。「保育所に出会えてよかった」「子どもを産んでよかった」と思える意味のある保育所時代を、子どもも親も職員もつながり合ってつくっていきたいです。

1　規則正しい豊かな生活

「同じ時間に就寝し、同じ時間に起床する」――これは、人として生きる第一歩の生活習慣です。特に、乳幼児期に子の体内時計を体に刻んであげることは、おとなからの一生の贈りものです。保育所の規則正しい生活を家庭にもつなげていかれるように、最大限の声かけと援助をしたいと思います。

また、「家族で食卓を囲んでなべを食べる」とか「バスに乗ってお出かけをする」などのあたりまえの生活経験が希薄であることも、見受けられます。

おしゃべりをしながらごはんを食べる楽しさや、もちつき・やきいも・水遊びなどの行事をたっぷりと体験できるのも、保育所のいいところです。

仲間とともに経験したことが、将来「あ、これ知ってる。やったことある」という体験の蓄積になることを願っています。

2　友だちといっしょの楽しい遊び

まず自分が大好きであること。その次に友だちも大切で大好きなのだと感じられる気持ちは、自分のあらゆる意見表明の場面で大切にされた経験や、どんな自分でも仲間がわかってくれた経験によって下支えされます。

集団で経験するさまざまな遊びや取り組みのなかで、自分だけでなく、どんな仲間の気持ちも尊重される民主的な集団生活をからだで感じ、会得する６年間をどの子にも保障したいです。

3　社会のなかで生きる一員として

親も子も、「助けて」と言ったら助けてもらえた経験を、保育所の仲間のなかでしっかりと育んでいきたいです。子どもたちは子ども集団のなかで、おとなたちは、同じ時代に子育てをしている仲間同士で、共感をもって話せる仲間に育っていかれるのが保育所です。

そのためには、日常からの職員のがんばりが不可欠です。自分の子どもさえよければよいという排他的な子育て文化ではなく、「お友だちのなかで育っているわが子」を通じて、わが子以外の子どもの成長をも喜び合える、おとな集団の風土をつくりたいと思います。

困ったときには、保育所がある

貧困対策は、貧しくて困っている人を助けてあげることなのでしょうか？　保育所で言うならば、その６年間だけお世話をしてケアをすることが重要なのではないと考えます。

せっかく、人生最初の６年間にかかわれる機会をいただいているので、困難ななか、がんばって生きようとしている親たちを励まし、「困ったときには、保育所がある」と、その後も頼られるような深いつながりをつくりたいと思います。

また、当事者である子どもたちには、なんの落ち度も責任もありません。その親も含めて、今ある現実はどこからきたものなのか、何が貧困をつくり出しているのか、社会に目を向けて考え、希望をもって生きる人になってほしいと願います。

その根っこを耕す保育者自身も、貧困であることが多い現実。保育者もまた、保育だけしていればよい存在から、社会に目をひらくひとりの民主的な社会人・市民として生きられる職場づくりを、保育現場を担う者としてめざしたいです。

もう一つのおうち

養護を中心とした福祉としての保育

保育の家しょうなん園長
塚本秀一

「保育の家しょうなん」は、子どもたちにとっては、家族と一緒に過ごすことができない時間を過ごす「もう一つのおうち」として、また父母や保護者の方々にとっては、就労などの事情でお子さんを家庭で保育できない時間を安心して預けることができる「もう一つのおうち」として、保育に可能な限り家庭の機能を取り入れ、生活の基本である「食べることと寝ること」を大切にする保育を実践している幼保連携型認定こども園です。

本書のテーマは「貧困と保育」ですが、「貧困」問題に積極的に取り組んでいる保育園は、全国的にもそう多くはありません。しかしながら、子どもたちの身のまわりに起こっているさまざまな問題にいち早く気づくことができるのは保育の現場で働く保育者です。２０００年の児童虐待防止法の施行以降、「虐待」については研修などでも多く取り上げられるようになり、保育者間でも問題意識や解決に向けた関係機関の連携などを共有できるようになってきています。このたびの子どもの貧困対策法の施

紹介

保育の家 しょうなん

●所 在 地　滋賀県大津市
●設置主体　社会福祉法人湘南学園
●認　　可　1989年　定員30名の夜間保育所として 開園
●沿　　革　1991年　一時保育事業にともない、保育センター増築
1993年　定員60名に増員、昼間保育所に変更
2009年　定員90名に増員
2013年　定員100名に増員
2015年　幼保連携型認定こども園に移行。定員115名に増員
●定　　員　115名
●保育理念　家庭の機能を取り入れた環境のもと、子どもとおとなが共に育ちあい、一人ひとりが自分らしく輝く保育実践を目指す。
●開園時間　6:00~21:00
保護者の就労に合わせて、日・祝日保育を実施。
子どもの休園も保護者の休日に合わせる。
●特　　徴　障害児保育、お泊まり保育を実施。
保育時間によって夕食の提供のほか、ディナーサービスなど、家庭での育児も支える。

2016年4月現在。詳細はホームページをご参照ください。http://shonanhouse.com/hoikunoie/

行が、子どもの貧困の予防および早期発見につながるものとなるようにしていかなければならないと強く感じています。本稿では、特に「貧困と保育」というテーマにとらわれずに、保育現場を預かる者の立場から、主に保育における養護の観点を中心にした当園の取り組み事例をご紹介させていただきます。

1 開園の動機＝24時間365日の保育

滋賀県大津市にある当園は、琵琶湖の南部地域に位置し、近くには紫式部が「源氏物語」を執筆した場所と言い伝えられている「石山寺」がある観光地にあります。同一敷地内には１９０４年（明治37年）3月、日露戦争が勃発した年に創設した児童養護施設湘南学園があります。ここでの生活を強いられている未就学の子どものうち約半数は、「誰か」が「どこか」でその家庭を少し支えることで、施設入所に至らなかったのではないかと考えられるケースです。また、１９８６年（昭和61年）に男女雇用機会均等法が施行されたにもかかわらず、その受け皿となる施設や、女性が子どもを産んだ後の社会的援助が十分ではないためか、今もなお子育てのために仕事を辞めざるを得ないというケースも少なくありません。そこで、当園がその「どこか」になり、家庭崩壊・母子分離・親の放任・虐待などによる養護児童が生まれることを未然に防ぎ、さらには地域の子育て家庭を支える役割を担うべく24時間３６５日子どもを受け入れることができる保育園を開園することにしました。

しかしながら、保育園としての認可を受けるためには、開園時間を設け、休日は特別保育、開園時間外は延長保育という扱いで実施することなどが求められました。こうしたことから、開園時間は、午前6時から午後10時までとし、この時間以外にも必要に応じて預かることにし、延長保育・休日保育は補助制度がないなかで自主事業として実施せざるを得ませんでした。そして、1989年（平成元年）4月、保育の家しょうなんは、30名定員の夜間保育所としての認可を受けてスタートしました。ある程度は予測していましたが、開園当初より入園希望が殺到し、入園調整にはたいへん苦慮しました。母子や父子家庭、深夜や日曜祝日に勤務されている方など、他の保育園を利用することが困難なケースの方々を優先して入園していただくことにしました。シングルで子育てをされている方の当直勤務の間や第2子出産、あるいは病気治療等のための入院期間などには宿泊でお預かりしたこともあります。

今は、京都や大阪へ1時間以上かけて通勤される方々のほか、サービス業や教育（高等学校・大学など）・福祉（介護・保育・障害施設など）・医療関係に就業されている保護者のお子さんたちを中心にお預かりしています。

2 食べることと寝ることを生活の中心に

当園が保育に家庭の機能を取り入れ、「食べることと寝ること」を大切にした園生活を送ることにしているのには、大きく二つの理由があります。その一つは、ある私立大学のカウンセリングルームの、乳幼児期を保育園で過ごした経験のある学生を対象とした調査で、保育園生活で嫌な思い出のベスト2

2歳児、秋のお散歩。風の音を聞き、木の葉の色の変化やいろいろな香りに気づく機会です。

が「給食」と「お昼寝」だということを知ったことです。このことは私に限らず、保育関係者にとっては、かなりショッキングな調査結果でした。おそらく保育者が、子どもたちに好き嫌いなく食べることを最優先して給食指導したため、嫌いなものが食べられずに困ったり、無理やりに食べさせられたりした経験や、眠くもないのにお昼寝を強いられた経験などが、そうした結果につながったものと想像できます。本来、食事や睡眠は強制されるものではなく、生きていくうえで欠かすことのできない欲求を満たす行為です。私たち保育者は、子どもたちに楽しく食事し安心して寝ることができる環境を保障しなければならないと改めて認識しました。

もう一つ、私が児童養護施設に就職して出会った子どもたちの食べ方と寝方の特徴からの気づきがあります。大舎制の寮生活では、食事の時間を告げるチャイムの合図によって食堂に集まった子どもたちは、全員がそろうのを待って、あらかじめ配膳された料理を「いただきま～す」と言うや否やかき込むように食べ出します。とても味わって食べているとは言いがたいほどのスピードです。ごはんもおかずも1人ずつ個々の器に盛り付けられているので、早く食べないと誰かに盗られてしまうということはありませんが、どの子も一様に急いで食べていました。楽しく会話を交わすようすなどは見受けられません。「食事」というより「食餌」という漢字を当てたほうがピッタリとくる食べ方です。また、満たされない気持ちを食べることで補うべく、異常なほどの量を摂る子どもも少なくありませんでした。そのためかここに入所している子どもたちには肥満傾向がありました。

一方、寝ることに関しては、子どもたちに添い寝をしていて気づいたことがあります。それは、ほとんどの子どもたちが、うつ伏せかあるいは背中を丸めてお腹を隠すように寝ているということです。しばらく見ていると、一時的に寝返りをうったりして仰向けになることもありますが、すぐ元のように背中を丸めてしまいます。また、夏場であるにもかかわらず、布団を顔まで被って汗をかきながら寝ている子どももいました。その顔をよく見てみると、汗ではなく涙の流れた後に気づくこともしばしばありました。夢のなかで泣いていたのです。私が湘南学園に就職して以来ずっと不思議に思っていたことの一つである、目の病気があるわけではないのに、朝、目やにの目立つ子どもが多い理由がここにあったようです。

施設見学に来られた方々は「子どもたちがみんな明るく元気で安心しました」と言ってくださいますが、施設での生活を強いられる子どもたちは、ふだん、おとなでも背負いきれないほどの重い荷物を背負いながらも表情には出さずに精いっぱい生きているのです。しかしながら、無意識の睡眠状態のとき、親と一緒に暮らせない寂しさや無念さなど子どもの心の声が表出してしまうのでしょう。

食べ方と寝方をチェックすれば、そのときの子どもの心の状態がわかるといわれています。子どもたちが落ち着いた雰囲気のなかで楽しく食事ができ、安心してお腹を出して眠れるような環境を保障することこそ、児童福祉施設を自らの職場に選択した私たち施設職員の最低限の責務であると再認識し、それ以来、湘南学園では児童養護施設のみならず、併設している保育園や障害者サービス事業所・母子生活支援施設でも「食べることと寝ること」を生活の中心に据えて関わるようにしています。

3 家庭の機能を可能な限り取り入れた保育環境

前述のように、保育の家しょうなんは、食べることと寝ることを大切にする「もう一つのおうち」をコンセプトに開園したことから、当初より家庭機能を可能な限り取り入れた保育環境を整え、安全・安心・安定の保育を提供しています。人的には、保育や事務・保健・調理担当職員のほかに喜寿を迎えるお年寄りや法人内の障害者サービス事業所から知的障害をもつ方を職員として採用し、お父さん・お母さん・お兄さん・お姉さん・おばあさん・おじいさんや障害をもつ人までがお互いに協力し合いながら、子どもたちと楽しい園生活を送っています。

一方、物的には、園舎を一軒の大きな家というイメージで建設して、年齢ごとの保育室ではなく、食堂と保育室とお昼寝部屋などをその用途に応じて使い分けるなど、家庭的な雰囲気を感じとることができる環境を整えています。そうすることで、子ども一人ひとりの過ごし方（生活ペース）を保障することができると考えています。そして、その園生活のなかでは、子どもとおとながともに育ち合うことを実現するために、各クラス担当の職員だけがその年齢の子どもたちと関わるのではなく、違う年齢の子どもたちも一緒に保育する縦割り保育の時間や休日保育・夜間保育などの時間を通して、すべての職員がすべての子どもたちと関わるようにしています。一人でも多くの違う個性をもつ人との関わりのなかから、お互いの違いを認め合い、その関係性からより多くのことを学びとってほしいと願っています。

また、行事の際は、子どもたちが主体的に参画することに重きを置いて、決して子どもたちに強制することのないように配慮しながら、毎日の園生活のなかで楽しく取り組んでいることを行事につなげていけるようにしています。子どもたちのなかには、走ることが得意な子どももいれば苦手な子どももいます。人前で歌ったり話したりすることがいやな子どももいて当然です。特に運動会や生活発表会などの行事では、決して無理強いするのではなく、子どもたちにやる気を起こさせる保育を実践していきたいと考えています。

4 多様なニーズに応える保育

障害児保育

さらに当園では、多種多様化する保育ニーズに応えるために、通常に行う保育のほかにさまざまな保育サービスを提供しています。なかでも障害児保育には、大津市では約半世紀前から公立・民間の保育園が積極的な取り組みを推進しています。市内には、２０１５年6月1日現在で公立・民間合わせて70か園の認可保育園・認定こども園がありますが、「障害児の発達保障を実現する」という理念のもと、どの園にも発達遅滞や知的・身体的な障害などをもつ子どもたちが数人通園しています。

当園にも現在、重度3人・中軽度8人の計11人の障害をもつ子どもたちが通っています。子どもたちのもつ障害を特別なものではなく、一つの個性だと捉え、いろいろな個性をもつ子どもたちがみんな同じクラスで生活するようにすることで、子どもたちにありのままの姿を認め合うことの大切さを伝えていくようにしています。障害をもつ子どもがいるクラスには、子どもたちのもつやさしさや思いやりを引きだし、それを表現できる場面がたくさんあります。

一時預かり保育

次に、一時預かり保育です。「一時預かり」というと荷物を預かるようで違和感がありますが、通常保育とは別に必要な時に一時的に保育を利用することができる特別保育事業です。普段は保育園や幼稚園・こども園などの施設を利用していない方々でも、傷病・災害・事故・出産・介護・冠婚葬祭などの事情により、緊急一時的に保育や支援が必要となることがあります。一時預かり保育は、そうしたときに利用することができる制度です。

近年、大津市内でも当園が位置する中南部地域においてはその需要は増える一方ですが、実施している保育園は依然として少なく供給不足が解消できていません。今後ますますの供給量の拡充と制度的な充実が望まれています。

日曜祝日・休日保育

当園が開園当初より近隣の保育ニーズに応えるために実施している特別保育事業が、日曜祝日にも開園する休日保育です。親と子が一緒に過ごすことができる時間を大切にしてほしいということは、保育者なら誰もが願っていることです。

しかしながら、就労などの事由による休日保育の需要は決して少なくありません。特に当該地域は観光地であることから、サービス業など日曜祝日がかき入れどきだという仕事に就いておられる方々もたくさんいらっしゃいます。そうした方々に利用していただくための制度が休日保育です。当園では、平日・日曜祝日を問わずに毎日開園し、子どもたちの休みは父母や保護者の仕事の休日に合わせていただくようお願いすることで就労支援と家庭支援を実践しています。

ディナーサービス

続いて、当園独自の取り組みとしてディナーサービスを紹介します。これは、当園が毎日夕食を提供していることから、園での夕食を必要とされない方々にも事前に申し込んでいただくことでお迎え時にお持ち帰りいただき、ご自宅でお子さんと一緒に召し上がっていただけるサービスです。勤務時間の都合や急な残業などにより帰宅時間が遅くなり、帰宅後に夕食を作る時間がない方々に利用してもらっています。

スーパーマーケットなどの総菜コーナーでの夕方の安売りと比べると少し割高になりますが、安全な食材を使っていることから利用されている方々からはご好評をいただいています。ただし、食品衛生上の都合で、利用期間は11月1日から5月31日までの7か月間とし、調理後は2時間以内に召し上がっていただくようにお願いしています。

5 地域の子育て支援センターとして

昨今、少子化や核家族化がますます進行するにつれて、地域社会から長く続いた子育て共同社会が失われつつあり、そのことにより子育て中の母親の悩みや不安感・孤立感などが増大してきています。一方、児童福祉法の改正や保育士資格の法定化、また保育所保育指針の改定などにより、保育園に勤務する保育士には自園の子どもたちの保育に留まらず、父母や保護者への子育てに関する助言指導や地域の子育てを支援する役割が付加されました。

社会福祉法人湘南学園では、子育て支援の一環として、子育てに悩む母親同士の交流や専門家のアドバイスを受けることができる場と機会を提供することを目的に、1985年（昭和60年）10月から「お母さんの子育て広場」を毎週木曜日の午前中に開催しています。現在は、児童養護施設湘南学園と保育の家しょうなんとの共同事業として実施しています。さらに、園まで足を運びづらい方々のために地域の公園や公民館をお借りして開催する「出張青空広場」も定期的に行っています。また、2005年4月からは、大津市の委託を請けて「つどいの広場〝てくてく〟」を開所し、平日の午前9時から午後4時まで専任の保育士が常駐して、それまでの交流事業と相談事業の充実を図り、地域の子育て支援センター的な役割を果たしてきています。

4歳児、運動会に向けて。海賊になりきって、想像の世界を楽しんでいます。

6 幼保連携型認定こども園への移行を決断

ここ数年、子ども・子育て支援新制度の施行をはじめ保育を取り巻く環境は目まぐるしく変化してきており、当園も新制度の施行に合わせて２０１５年度から「幼保連携型認定こども園」に移行しました。利用定員は、これまでの２・３号の子どもの定員１００名に加え、新たに1号の子ども15名を設定して１１５名にしました。

虐待を受けた子どもを受け入れる

移行を決めたのには、いくつかの理由がありますが、最も優先したのは、幼保連携型認定こども園に移行することにより、虐待を受けて児童養護施設に入所を強いられた湘南学園の子どもを受け入れることができるようになるということです。現行法では、保育園と児童養護施設はともに児童福祉施設であるため、両方の施設を同時に利用することはできないのですが、学校と児童福祉施設の両方の法的な位置づけをもつ幼保連携型認定こども園に移行することにより、そのことが可能になります。一人の子どもを法人の同じ理念で運営する児童養護施設とこども園で連携して保育することにより、生活面と心理面の両面でより手厚く子どもをケアすることができるようになります。

公立幼稚園に代わり3歳児保育の実施

こども園への移行を決めたもう一つの理由は、大津市には各小学校区に公立幼稚園が1か園ずつありますが、そこでは2年保育しか実施されていないため、1号認定を受けた3歳児が通うことができるよう幼稚園が不足している地域だということです。先述のつどいの広場〝てくてく〟を利用されている方々の声からもそのニーズの高さを実感していました。そうしたニーズに応えるためにも、2015年度から当園が1号認定の子どもの定員を設けて幼保連携型認定こども園となり、これまで以上に質の高い保育を実践すべく新たなスタートを切りました。

延長保育などの事業継続

さらに運営面でも移行を決めた理由があります。ここ数年の保育制度や補助金制度の改定により、特別保育事業に取り組む保育園の運営は事業継続がむずかしくなってきています。特に当園においては、開園当初より積極的に取り組んでいる延長保育事業について、国がその補助金額の算出方法を変更したことにともない、大津市においてもそれに準拠する見直しがなされました。延長保育を必要とする多くの子どもを受け入れるために求められる職員を配置することにより、大きな赤字を生むようになってしまっています。

当園は職員の定着率が比較的高いことからも、定期昇給などの要因により年々運営費は不足の一途をたどっていました。また、認定こども園に移行することで配置することが求められる職員（副園長・子育て支援担当主任・事務職員など）をすでに置き、その人件費を自前で負担していたこともあります。そこで、幼保連携型認定こども園に移行して1号認定の子どもを受け入れることで園運営を継続し得る体制を整えることは、こうした課題を解決するための一助となるものでした。

7 子ども・保護者・保育者のためのよりよい制度を願って

子ども・子育て支援新制度の施行をめぐっては、保育現場からは賛否両論のさまざまな意見をお聞きしますが、それぞれの法人・園の理念や地域性などを十分に考慮して対応する必要性を強く感じています。このたびの社会保障・税一体改革により、子ども・子育てが社会保障制度に位置づけられ、消費税財源から毎年7000億円を、さらにはその他の財源も含めて、1兆円超もの公金を充てることを国が決断してスタートした新制度です。

制度の実施主体である市区町村によって、その運用に違いがあったり、各種事務処理が煩雑になったなどの不具合が報告されています。が、新制度の施行が、これまで以上に子どもたちの健やかな育ちを保障し、父母及び保護者の子育てを援助し、地域の子育て支援の充実などを実現するとともに、保育者の働く環境が向上する制度となるように保育現場を預かる者のひとりとして、また内閣府子ども・子育て会議の委員としてもできる限りの努力をしていきたいと考えています。

写真提供＝筆者／写真は本文の内容とは関係ありません。

そして、この家費制度による生活を始めて数か月が経った頃、6軒の子どもの家のあいだに貧富の差が出きてきました。担当する職員のやりくりの上手下手や子どもの食べる量、また学習塾や空手などの習い事に通う子どもの有無などにより、お金持ちの家と貧しい家の差がはっきり表れてきたのです。

月末になると、貧しい家の子どもたちは粗食に耐えなければなりません。急場は翌月の家費を前借りして何とか乗り切る家もありました。一方、お金に余裕のある家は、近くのファミリーレストランに外食に出かけたり、お金を貯めて東京ディズニーランドに旅行したりした家もありました。職員間では見るに見かねて、何度もその貧しい家に補填すべきでは？という意見も出てきましたが、あえてそれはせずにしばらくのあいだ、見守っていました。

「水道代や電気代が安くなれば、夕食のおかずがもう一品増えるかも？」「お小遣いを値上げしてもらうために、ぜいたくは敵だ！」

貧しい家の子どもたちには、水を出しっぱなしで歯みがきをする子はいません。無駄な電気は、子どもたち自ら消して歩くようになりました。真っ暗な居間でテレビを見ている子どもたちに、「目が悪くなるから、居間の電気だけはつけてくれるかな」とおとなが子どもに頼む始末です。夏場には、朝、登校前にバスタブに水を入れて、夕方、帰宅後に沸かすとガス代が安くなるなど、子どもたちなりに工夫して生活するようになり、おとなから強制されなくても自ら節約するようになりました。

児童養護施設で生活する子どもたちは、原則18歳（20歳まで延長可）になると施設を出て自立していかねばなりません。「施設で育ったから知らなかった」ということがないような成育環境を整えることは、福祉の社会化を目指すとともに、児童福祉施設に勤務する私たち職員の責務だと言っても過言ではありません。当法人の児童養護施設を巣立った子どもたちには、貧しくとも困らない生活を送ってほしいと願っています。

column
コラム

貧富の差を学ぶ

福祉の社会化・社会の福祉化

塚本秀一

当法人の理念である「福祉の社会化・社会の福祉化」の実践例として、貧富の差についてのエピソードを紹介します。

湘南学園は定員60名の児童養護施設で、ここに入所する子どもたちは、大舎制による寮生活ではなく、男女混合・年齢縦割りグループで、6軒の「子どもの家」に分かれて生活しています。男子寮・女子寮という分け方ではないので、男女のきょうだいで入所してきても同じ「家」で暮らすことができます。どの家にも幼児から高校生までが約10人、そこにその家を担当する職員が2～3人の総勢12～13人の大家族のような共同生活です。

児童養護施設で暮らす子どもたちの教育や生活全般に必要な経費は、国と県から支弁される「措置費」で賄っています。湘南学園では、年齢単価を決めて各家の子どもの人数と年齢によって算出した額を、毎月末6軒の子どもの家に分けて銀行の通帳に振り込み、そのなかで食費や水道光熱費から学校集金や子どもたちのお小遣いに至るまで、すべての生活費をやりくりする「家費制度」により運用していました。

そのことで、子どもたちのケアを担当する児童指導員や保育士に会計処理などの事務仕事を負荷してしまうことになりますが、そうした家計に関する事務処理をできるだけ子どもたちの見えるところで行い、自分の家の財政状況や自分たちが生活していくためにはどれくらいのお金が必要であるかということを伝える機会にしたいと考えました。

食材の買い物も業者から一括して仕入れるのではなく、多少不経済でも、毎日子どもと一緒に近くのスーパーマーケットへ行くことで、調理するのに必要な食材とその価格、また賢い買い物の仕方など将来の自立に備えた知識や生活の知恵などを伝えたいと考えたのです。

3

保育所保護者への調査からみえた貧困

解決策としての保育ソーシャルワーカーの配置

日本福祉大学
中村強士

本章では、筆者が実施した保育所保護者への質問紙調査を分析・考察することによって、乳幼児及びその保護者の貧困の実態を明らかにした上で、こうした貧困の実態を解決する方法として保育所への保育ソーシャルワーカーの配置を提案します。

1 本調査の概要●名古屋市内1万3000人から回答

調査対象は、名古屋市内における公立・私立合わせたすべての保育所保護者（全数調査／公立120か所、私立186か所／調査時）。調査方法などの詳細は、**図表1**のとおりです。

ところで、経済協力開発機構（OECD）は等価世帯所得（以下、所得）の中央値の2分の1を「貧困線」とし、それ未満を「貧困」と定義しています。本調査では中央値が300万円となったため、年間所得150万円未満の世帯を「貧困層」としました。それ以上の世帯は**図表2**のとおりです。

20歳未満の回答者の75%、同配偶者の40%が貧困層です。また、他階層に比べてきようだいも多いです。貧困層における家族構成をみると、核家族が35・3%、三世代家族が17・4%、ひとり親家族が47・3%となっています。

図表1●本調査概要

調査名	保育所を利用する保護者の子育てに関する実態調査
調査対象	名古屋市内における公立・私立合わせたすべての保育園保護者（全数調査） 公立保育園120か所、私立保育園186か所　※調査時
調査期間	2012年10月1日～12月25日
調査方法	①公立保育園の場合：名古屋市公立保育園父母の会の定例幹事会にて、当該父母の会に加盟する各公立保育園（77か所）父母の会代表に手渡す。また定例幹事会に欠席した父母の会については後日郵送。なお、当該父母の会に加盟していない公立保育園（43か所）については、「父母の会」宛に郵送。 ②私立保育園の場合：各園園長宛に郵送。 回収方法は、郵送を原則とした。
回収数	14,089通（うち有効票は13,641通）
回収率	40.2%（うち有効回答率は39.0%）

図表2●分析対象のカテゴライズと基本属性

カテゴリー （※中央値：300万円）	年間所得150万円未満の世帯＝貧困層（10.5%） 同150万円以上300万円未満の世帯＝低所得層（38.9%） 同300万円以上600万円未満の世帯＝中所得層（43.4%） 同600万円以上の世帯＝高所得層（7.2%）
保護者の年齢と貧困層	20歳未満の回答者の75%、同配偶者の40.9%が貧困層
貧困層におけるきょうだい	あり64.1% 「上のきょうだい人数」4人以上が33世帯で最も多い
貧困層における世帯構成	核家族：35.3%／三世代家族：17.4%／ひとり親家族：47.3%

図表3●所得階層別 子どもの生活

	1歳以上児の起床時間						1年間の家族全員でのレジャー		
	6時頃までに	7時頃までに	8時頃までに	9時頃までに	10時頃までに	10時以降	よく行く	2、3回程度	まったく行かない
貧困層	5.3	56.7	32.3	2.5	.4	.1	41.4	46.5	12.0
低所得層	6.0	62.2	27.6	1.6	.1	.0	51.3	43.2	5.5
中所得層	8.9	68.8	18.9	.7	.0	0.0	60.1	36.5	3.4
高所得層	10.5	67.5	17.9	.5	.1	0.0	69.1	29.1	1.9
平均	7.4	64.6	23.8	1.3	.1	.0	55.0	39.8	5.2

	3か月間の休日中に地域の友だちと遊ぶ頻度（1歳以上児）				習い事	
	ほとんど毎回	3か月の間で半分くらい	3か月の間で1、2回程度	お友達と遊んでいない	させていない	させている
貧困層	10.4	21.8	34.2	31.3	79.2	20.8
低所得層	8.7	21.9	38.1	29.0	71.9	28.1
中所得層	7.1	17.5	40.7	32.5	67.1	32.9
高所得層	8.1	13.2	39.3	36.9	61.1	38.9
平均	8.2	19.5	38.8	31.3	70.0	30.0

2 貧困層の子どもの生活●遅い起床・習い事より友だちと遊ぶ・少ない家族レジャー

図表3は、所得階層別の子どもの生活です。まず、所得の違いは起床時間にみられました。朝6時頃までに起きるのは高所得層が10・5%に対して、貧困層は5・3%にすぎません。所得が低いほど朝遅く起床しています。また、習い事については、させている世帯が所得に比例して減っています。これとリンクするかのように、所得が低い世帯のほうが友だちと遊ぶ頻度が多くなっています。つまり、所得が高い世帯は友だちと遊ぶよりも習い事をしており、所得が低い世帯は習い事よりも友だちと遊ぶ傾向があります。さらに、家族でのレジャー頻度についても、所得が低いほど行く頻度が少なくなります。「まったく行かない」と答えている世帯は、高所得層が1・9%に対し、貧困層は12%と約6倍にもなります。

3 貧困層の悩み・不安・困難●学習の遅れ・費用の不足

図表4・5は、所得階層別の子育てや家庭生活の悩み・不安・困難です。まず、子育ての悩み・不安・困難について所得階層別にみると、「子どもの学習面の遅れ」「子育て費用の不足」の2項目について所得が低いほど高い割合を示しています。他方、「子どもの病気」「特に心配なし」の2項目は所得が低い

図表4●所得階層別　子育ての悩み・不安・困難

(%)

	病気	障害	学習面の遅れ	進路	将来	友達関係	子育て費用不足	特に心配なし	その他
貧困層	36.6	5.3	10.3	7.0	31.4	28.8	44.2	18.6	0.1
低所得層	39.4	4.8	10.1	6.0	24.4	30.7	32.3	21.8	0.1
中所得層	43.2	5.6	8.3	7.0	25.5	29.5	15.8	23.7	0.1
高所得層	44.1	5.5	5.5	10.0	25.1	23.7	5.7	28.5	0.1
平均	41.0	5.2	9.0	6.9	25.8	29.5	25.0	22.7	0.1

図表5●所得階層別　家庭生活（子育て以外）の悩み・不安・困難

(%)

	生活費	借金	仕事	病気・障害	夫婦間不和	友人関係	情報不足	やりたいことができない	特にない	その他
貧困層	65.8	6.5	50.5	11.7	5.9	4.7	5.4	16.8	13.7	0.1
低所得層	52.6	4.8	44.1	8.9	9.1	6.8	5.1	17.9	18.5	0.1
中所得層	25.7	2.8	55.1	8.5	8.7	6.2	4.0	20.2	20.9	0.1
高所得層	8.1	1.5	59.8	7.3	6.7	3.9	4.5	20.2	24.3	0.1
平均	39.7	3.9	50.7	8.9	8.3	6.1	4.7	18.9	19.3	0.1

ほど低い割合を示しました。また、「子どもの将来」については、貧困層のみ高い割合を示しています。なお、すべての階層において最も回答率が高いのは貧困層の「子育て費用の不足」です（44・2％）。「子育て費用の不足」が最も高いのは予測できます。しかし、「子どもの病気」に関しては子どもの病気にさえ頭がまわらないほど貧困層は生活に困窮しているのではないでしょうか。また、「子どもの将来」については、貧困層は他階層の保護者と同様に子どもの未来を真剣に考えているものの、これと現状とのギャップを強く認識している可能性があります。

次に、家庭生活（子育て以外）の悩み・不安・困難について所得階層別にみると、「生活費」「借金」「病気・障害」の3項目で所得が低くなるほど割合が高くなる結果を示しています。他方、「特にない」のみ所得が低くなるほど割合が低くなる結果となりました。所得とリンクしやすい「生活費」「借金」の高さは当然ですが、「病気・障害」も高い結果という点を考えると、借金をするほど生活費に余裕のない家庭は、保護者自身の病気の治療さえ抑制しかねないことが推察されます。

4 貧困層の養育態度●消極的な保育所利用

図表6は、3歳未満児の子育てについての考えを所得階層別にみたものです。全体としては「母親が育児をすべきだが、必要に応じて子育て支援を受けるのが良いと思う」が58・9％と最も高い。ところが、所得階層別にみると、「本来は母親が育児に専念すべきだと思う」と答えた貧困層が12・2％と他階

図表6● 所得階層別　3歳未満児の子育ての考え

（%）

	本来は母親が育児に専念すべきだと思う	母親が育児すべきだが、必要に応じて子育て支援を受けるのが良いと思う	積極的に集団的な保育を受けるべきだと思う	その他
貧困層	12.2	62.7	20.3	4.8
低所得層	8.9	63.6	20.1	7.3
中所得層	5.9	56.0	27.2	10.8
高所得層	6.0	44.5	35.5	13.9
平均	7.8	58.9	24.3	9.0

図表7● 全世帯及び貧困層における養育態度の肯定群比較

（%）

	貧困層		全世帯	差
		積極的肯定		
ついついあたった	77.1	34.7	72.3	4.8
厳しく叱った	65.1	23.6	56.7	8.4
ついつい叩いた	62.2	23.6	50.1	12.1
同じことの繰り返し	51.6	20.2	49.9	1.7
イライラした	44.2	12.8	43.9	0.3
我慢している	33.8	10.7	35.0	-1.2
解放されたい	21.6	6.9	23.1	-1.5
一人という圧迫感	29.9	12.2	22.0	7.9
世話に関心ない	3.0	0.5	2.3	0.7

層（5・9%、6・0%、8・9%）に比して高い。他方、高所得層のうち35・5%が「積極的に集団的な保育を受けるべきだと思う」と答えています。つまり、高所得層は積極的に保育所を利用しているのに比べて、貧困層は消極的に保育所を利用しています。

図表7は、本調査で養育態度に関する経験をたずねた9項目に対する回答を所得階層別にした結果のうち、「あてはまる」「どちらかといえばあてはまる」を合わせて「肯定群」（「あてはまる」を「積極的肯定」）と定義し、質問項目ごとの貧困層における

肯定群の割合と全体との差を示したものです。全世帯における肯定群の割合が高い順に並べています。

図表は省略したが、全9項目のうち、所得階層が低い階層ほど肯定群の回答率が高くなった項目は、「ついついあたった」「ついつい叩いた」「厳しく叱った」の3項目。積極的肯定のみ回答率が高くなった項目が、「同じことの繰り返し」「解放されたい」「我慢している」の3項目。「一人という圧迫感」は貧困層のみ突出して肯定群が高く、「イライラした」「世話に関心ない」はどちらも大きな特徴がみられませんでした。**図表7**でこれら貧困層における肯定群と全世帯のそれとの差をみてみると、最も差が大きいのが「ついつい叩いた」（12・1ポイント）となり、順に「厳しく叱った」「一人という圧迫感」「ついついあたった」という結果になりました。所得が低くなれば「同じことの繰り返し」「解放されたい」「我慢している」という育児ストレスを抱えやすく、そのストレス発散の方法として「ついついあたった」「ついつい叩いた」「厳しく叱った」というような養育態度になってしまうことが推察されます。[1]

5 貧困層の孤立と社会資源

社会的孤立●●保育所以外に預かってもらえる人がいない

本調査では、「日頃、保育所以外にお子さんを預かってもらえる人がいるか」という問いを複数回答でたずねました。ここで注目したいのは、日常的にも緊急時にも預かってもらえる親族・友人・知人が「いずれもいない」と答えたのが22・6％もいたという事実です。この「いずれもいない」と回答した世帯を「社会的孤立」世帯と定義したとき、所得階層とりわけ貧困層とどのような関係にあるのでしょうか。

図表8のとおり、貧困層のうち23・5%が社会的孤立という問題も抱えており、それは他の階層と比べて最も高い割合を占めています。つまり、貧困層は他の階層と比べて社会的孤立という問題も抱えやすい。彼らは保育所保護者として保育所に日常的にアクセスしているにもかかわらず、社会的孤立を抱えています。よって、保育所は貧困家庭の生活を支えるだけでなく、これ以上孤立させないための防波堤にもなっているといえます。

ソーシャルサポート◉◉保育所・先生、子育てサークルへの相談の少なさ

図表9は、**図表2**の子育ての悩み・不安・困難に対する「相談相手」を調べた結果です。貧困層において、「配偶者」と「配偶者の親」「配偶者のきょうだい」の割合が低いのは、ひとり親家庭が多いためです。それ以外をみると、貧困層は、「自分の親」や「学校時代や職場の友人」「保育所・学校等の先生」「子育てサークル」で他階層に比して低い結果となっています。特に「子育てサークル」の割合の低さは顕著です。他方で、「その他の親戚」「公的機関相談員」「インターネット」「誰にも相談していない」「悩み・不安なし」が他階層に比して高い結果となっています。「公的機関相談員」が多いのは、生活保護はもちろん、ひとり親家庭に支給される児童扶養手当など、公的機関と関係する機会が他階層より多いためと推察できます。

図表8●所得階層別　保育所以外に子どもを預かってもらえる人

（%）

	日常的に親族	緊急時・用事に親族	日常的に友人・知人	緊急時・用事に友人・知人	いずれもいない
貧困層	28.8	47.4	3.4	10.8	23.5
低所得層	23.7	54.2	2.9	9.5	22.7
中所得層	20.5	57.9	2.1	8.3	22.9
高所得層	19.2	60.5	1.6	7.1	19.5
平均	22.7	55.3	2.5	9.0	22.6

図表9●所得階層別　子育ての悩み・不安・困難に対する相談相手

（%）

	配偶者	自分の親	配偶者の親	自分のきょうだい	配偶者のきょうだい	その他の親戚	近所の人	学校時代や職場の友人
貧困層	33.8	65.2	11.7	28.2	3.1	7.1	11.2	45.4
低所得層	81.0	71.8	24.2	30.0	6.5	4.6	16.7	49.7
中所得層	86.8	72.5	23.7	27.9	5.0	3.3	12.5	55.8
高所得層	86.5	72.5	21.5	23.7	4.2	2.9	7.5	51.2
平均	77.8	71.3	22.2	28.4	5.3	4.2	13.6	51.8

	保育所・学校等の先生	子育てサークル等	公的機関相談員	インターネット	誰にも相談していない	悩み・不安なし	その他
貧困層	35.4	7.2	9.2	3.6	2.2	1.5	0.1
低所得層	41.7	12.8	8.6	3.2	1.2	0.6	0.1
中所得層	46.5	14.0	8.1	3.3	0.6	0.6	0.1
高所得層	49.2	14.1	6.1	2.1	1.2	1.0	0.1
平均	43.4	12.7	8.2	3.2	1.1	0.7	0.1

ここで重要なことは、保育所・学校等の先生および子育てサークル等には他階層と比較してそれほど相談していない点です。特に、貧困層が子育てサークル仲間に相談する割合は低い。貧困層の幼い子どもの親は、幼い子どもの親同士だからといって、そう簡単に相談相手の対象にはなりえないといえます。また、貧困層が他階層に比して自分の親に相談する割合が低い点にも注意すべきでしょう

6 貧困層が考える保育所●保育所で学ぶことの評価の高さ

図表10は、保育所への評価をたずねた結果です。「同年齢の子と遊べる」「子どもに勉強を教えてくれる」「子育ての仕方、遊ばせ方が学べる」の3項目について、貧困層は他階層に比して高い割合を示しています。

図表11は、保育所への構えをたずねた結果です。「あてはまる」「どちらかといえばあてはまる」とを合わせて「肯定群」とします。全7項目のなかで、貧困層に肯定群の割合が高かったのが「払うべきお金が払えない」「担任・園長に話しかけられるのがわずらわしい」「保育園の会議への参加がわずらわしい」「他の保護者と何かを取り組むのがわずらわしい」「保育所を替わりたい」の5項目でした。

貧困層は、保育所で親子ともに何かを学んでいる点に評価が高くなっています。しかし、貧困層の保護者が「子育ての仕方、遊ばせ方」を学ぶ手段は、園長や担任、他の保護者から教えてもらうことではないようです。

図表10●所得階層別　保育所への評価

（%）

	安心して働ける	集団でたくましく育つ	バランスのとれた給食で助かる	同年齢の子と遊べる	子どもと離れた時間がもてる
貧困層	62.5	63.0	38.3	68.1	20.7
低所得層	62.8	67.6	39.0	65.4	24.4
中所得層	68.9	68.3	39.8	61.5	25.5
高所得層	75.3	70.4	39.4	59.1	21.2
平均	66.3	67.5	39.3	63.6	24.2

	子どもに勉強を教えてくれる	保護者同士の交流がもてる	子育ての悩みを保育園に相談できる	子育ての仕方、遊ばせ方が学べる
貧困層	5.2	7.3	6.4	10.0
低所得層	3.0	8.5	6.0	8.6
中所得層	1.5	7.2	6.9	9.1
高所得層	0.5	6.2	5.5	9.9
平均	2.5	7.6	6.4	9.1

図表11●所得階層別　保育所への構え

（%）

	払うべきお金が払えない	担任・園長に話しかけられるのがわずらわしい	保育園の会議への参加がわずらわしい	他の保護者と何かを取り組むのがわずらわしい	保育所を替わりたい
貧困層	12.6	2.0	24.7	23.4	5.1
低所得層	7.7	1.5	19.3	16.8	4.3
中所得層	2.4	1.5	19.4	16.4	4.0
高所得層	0.9	1.6	22.7	16.9	4.1
平均	5.6	1.6	20.2	17.5	4.3

注：他の２項目は「送り迎えがおっくう」「発熱やケガによる呼び出しが苦痛」。

7 貧困とたたかう保育ソーシャルワーク

保育所における貧困層の特徴●●不安と社会的孤立

保育所における貧困層の特徴は、ひとつには、所得が低いために子どもに習い事をさせることやレジャーに行くこともできず、子どもの学習面の遅れや将来に不安を抱えている点にありました。そのため、子どもには勉強を、保護者である自分には子育ての方法を学ぶことを保育所に期待しています。しかしながら、保育所ではなく自分で育てるべきと考えているため、そのギャップに苦しんでいます。もうひとつは、社会的孤立を抱えている点です。「同じことの繰り返し」「解放されたい」という育児ストレスが象徴しているように、社会的孤立は育児ストレスを抱えやすく、かつ「ついつい叩いた」「厳しく叱った」というマルトリートメント（不適切な養育態度）を引き起こしやすいといえます。このようなストレスや態度にもかかわらず彼らの相談相手はどちらかといえば、わずかなインフォーマルサポートやインターネットであり、保育所を相談相手にしていません。まして、保育所の保護者や子育てサークルなどの「ピアサポート」は困難です。若年でひとり親が多い貧困層への子育て支援が簡単でないことは容易に把握できます。

しかしそれでも、たとえ生活保護や児童扶養手当、児童手当などと推測できるとはいえ、公的機関相談員に相談していたり、子育ての悩みより家庭生活の悩みを保育所に相談している結果を考えれば、保育所における保護者支援の意義は大きいといえます。まして、保育所保護者は保育所を利用することで、保育所という公的な社会福祉施設と関係を結んでいます。この強固な関係を基盤にしながら、貧困層が抱える貧困の諸相とたたかうための方法として「保育ソーシャルワーク」があります。

保育ソーシャルワーカーの配置●●先行モデルに学ぶ

保育ソーシャルワークとは、「子どもと保護者の幸福のトータルな保障に向けて、そのフィールドとなる保育実践及び保護者支援・子育て支援にソーシャルワークの知識と技術・技能を応用しようとするもの」です。[2]保育所や幼稚園、認定こども園はもちろん、地域子育て支援の現場にあって、保育者などの支援の担い手がソーシャルワークの専門性を発揮する支援方法です。

すでに、保育所や幼稚園に地域子育て支援の役割が付与されており、全国各地でその実践が高められています。しかし、保育士や主任、園長が「保育ソーシャルワーク」を実践するのでなく、「保育ソーシャルワーカー」という社会福祉の専門職を保育所等に配置するべきと筆者は考えています。

なぜなら、第一に、保育士や主任、園長それぞれには固有の役割がそもそもあるためです。主任は保育実践の責任者として、園長は保育所運営の責任者として固有の役割をもちます。地域子育て支援を重視すればするほど、これらとは別の専門職を配置するほうが理に適っています。まして深刻な保育士不足を抱える今、保育士の負担を重くするのはまちがっています。

第二に、すでに児童養護施設等には「家庭支援専門相談員」が、学校には「スクールソーシャルワーカー」のように先行モデルがあるためです。子どもを取り巻く諸問題に対して既存の職員体制では困難ゆえに、このような専門職が新たに配置されました。この延長線上に乳幼児及びその親と地域・社会を対象にしたソーシャルワーカーを配置するのはきわめて有効です。

第三に、乳幼児期の貧困の事例は、調査結果からも明らかなように、保育現場にとって、まちがいなく困難事例になるためです。貧困と虐待とが強く結びつき世代間連鎖しやすいことは今や常識です[3]。幼い親子だけでなく一家まるごとをケースとして抱え、この解決のために保育所だけでなくさまざまな支援機関と連携して対応しなければなりません。一つひとつがたいへんエネルギーの要る業務になることはまちがいありません。

全国的には地域子育て支援センターにコーディネーターやケアマネージャーなど、ソーシャルワーカーに似た業務を行う相談援助職が配置され、フィンランドの「ネウボラ」をモデルにした事業も始まっています。とりわけ、子ども・子育て支援新制度における利用者支援事業は、こうした動きを加速するものであり、なかには社会的孤立を抱える子育て世帯に家庭訪問（アウトリーチ）という方法で子育てを支援する実践も取り組まれています。

子どもと生活をともにし、貧困を背景とする家庭の悩み・不安・困難に対応しながら養育態度に変化をもたらす支援技術、また貧困層が抱えてしまう社会的孤立にもさまざまな方法で立ち向かい、彼らにとって必要な保育所・保育制度を調査や計画にもとづいて変革する支援技術、これらを有する専門職が保育ソーシャルワーカーです[4]。

児童福祉法成立当初からの保育所の役割として

ところで、厚生労働省（当時厚生省）は、児童福祉法成立当初から保育所を子育て支援の拠点にすることを想定していました。「いままで恵まれなかった勤労大衆の母が時間的に養育の任務より解放され、国家の経済、文化並びに政治的活動に参加し、又は、教養をうけ、休養することによって家庭生活の向上改善を図りその結果は乳幼児の福祉を増進させる基盤となります[5]」。

貧困・社会的孤立ゆえにいまもなお「恵まれな」い「勤労大衆の母」を支援するための保育所にすること、「家庭生活の向上改善」をもって「乳幼児の福祉を増進」する保育所にするためには、保育ソーシャルワーカーの配置が早々に検討されてよいでしょう。

●本稿は、科学研究費研究活動スタート支援（課題番号23830099）「保育所における子どもの貧困問題の構造化とその対策に関する研究」の成果の一部であり、左記を大幅に加筆再構成したものです。

・中村強士「保育所保護者における貧困層の特徴――名古屋市保育所保護者への生活実態調査から」『日本福祉大学社会福祉論集』第131号、2014年、pp.1-7

・中村強士「保育所保護者における貧困と子育て・家庭生活の悩み・不安・困難――名古屋市保育所保護者への生活実態調査から」『日本福祉大学社会福祉論集』第132号、2015年、pp.1-10

・中村強士「保育所保護者における貧困と養育態度――名古屋市保育所保護者への生活実態調査から」『日本福祉大学社会福祉論集』第133号、2015年、pp.17-27

注／参考・引用文献

1　山本・神田は「経済的ゆとり感がストレートにマルトリートメント傾向に影響を及ぼすというより、経済的ゆとり感が育児不安に関連し、その育児不安がマルトリートメントに影響を与えているのではないかと考えられる」と述べている。山本理絵・神田直子「家庭の経済的ゆとり感と育児不安・育児困難との関連――幼児の母親への質問紙調査の分析より」（『小児保健研究』第67巻第1号、2008年）p.69

2　伊藤良高「保育制度・経営論としての保育ソーシャルワーク」（保育ソーシャルワーク学会編『保育ソーシャルワークの世界――理論と実践』晃洋書房、2014年）p.26。ただし、山本が述べるように「現状では『保育ソーシャルワーク』について明確な定義が存在しているとは言えず、模索が続けられている状況である」と筆者も考える。山本佳代子「保育ソーシャルワーク研究の動向と課題」（同書）p.8

3　松本伊智朗『子ども虐待と貧困――「忘れられた子ども」のいない社会をめざして』明石書店、2010年

4　阿部は、「普遍的なサービスでありながら、特別な配慮が必要な子どもたちを支援することが可能」「ほぼ毎日、親との接触がある」「貧困層の親のニーズを把握し、福祉事務所や就労支援など必要な支援に繋ぐことができる」点で保育所の役割を重視しながらも、「しかし、実際には、現状のマンパワーでは、そこまでの支援は困難」なことから、「保育の現場にもソーシャルワーカーの役割を果たす人材が必要である」と述べている。阿部彩『子どもの貧困Ⅱ』岩波書店、2014年、pp.164-165

5　児童福祉法研究会編『児童福祉法成立資料集成　上巻』ドメス出版、1978年、p.871

4

「保育の貧困」を考える

オキナワから「保育の貧困」を考える

憲法不在27年とアメリカ統治の影響・公的保育拡充のための提言

名古屋学芸大学
吉葉研司

「保育」には、かけがえのない子どもの「生」を「保ち（保護し）」、「育む」という意味が込められている。このいとなみが何らかの要因で欠けてしまうということが「保育の貧困」だとすれば、社会が、子どもが生き続けることができないライフハザード状態を、放置していることを意味する。本章では、沖縄の「保育の貧困」を、沖縄の「保育に欠ける」[1]を生み出す社会構造と関連づけて考えていく。

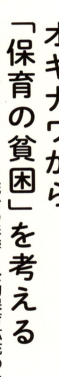

1 子育ての社会化としての保育●協同化か外注化か

支え合う関係を求める人の子育て

人類の子育ては、養育や教育の機能が高度になり、かつ、時代によって求められる能力が急変するため、養育者（母親）だけで対応することが困難になっている。このため、養育・教育といったいとなみを他者やそれを専門とする施設（幼稚園・保育所・学校）に子どもを預け、養育・教育機能を補完している。このような状態を「子育ての社会化」と呼ぶことにする。

「子育ての社会化」は、現代に特化された問題ではない。江戸時代、出産によって母親が死亡することがまれではなかった状態で子どもを育てようとすると、父親中心の子育てを行わなければならなかった。当然、父親のみでは子育てができないため、妊娠時に帯を結う人（帯親）、出産に立ち会う人（立ち会い親）、子どもに乳を与える人（乳親）が親となり協同で子育てを支えるという風習が各地でみられたという。[2] このような社会化は民衆による子育ての助け合いを特徴とするので、「子育ての協同化」と呼ぶことにしよう。この意味で、人が子育てをいとなむためには、養育者を孤立させずに支え合う関係の豊かさが条件となる。

現代の子育ての社会化

さて、現代の子育ては別の側面の社会化が生じている。先に述べたように、子育てを協同化するためには地域の中に信頼できる人間関係が必要となる。しかし、現代社会は居住世帯の流動化が進み、地域の中で人間関係を形成することがきわめて困難となった。このため、子育てや教育を専門とする施設に子どもを預けて子育てを社会化するようになる。このような子育ての社会化は人件費などの運営費が必要なため、その機能を維持するため、一定の負担を利用者に求めることになる。それが保育料である。保育料は社会化された子育て機能が公的なものとして認められるうえでは、すべての運営費負担を養育者個人に求めはせず、国や地方公共団体が責任を負うことになる。しかし、子育てが家庭や親のみの責任と見なされれば、自己責任と受益者負担という名の下にその負担の度合いは高まる。したがって、近年の子育て＝自己責任の構造は必ず子育てにかかるコスト（お金）を親に求める。

さらに、子育てへの不安や要求は、社会が複雑な構造をもつことと相まって、子育ての社会問題から「多様なニーズ」「サービス需要」を生み出す。これに見合ったサービスを開発する、つまり、不安を商品化すれば、子育てという（サービス）商品は飛ぶように売れる。子育ての不安をサービス（商品）とすることによって利潤を追求しようとする企業（育児産業）がここに生まれ、増殖することになる。そして、「官から民（民間企業）」と銘打って、内需拡大と称して国も政策としてこのことを推奨する。このような子育ての社会化は先の協同化と異なる特徴をもつ。この場合、子育てへのニーズは商品なので、親同士の助け合いや、親が主体的に子育てを工夫してしまえば商売にならない。お客様には常に不安をもっていただくことでそのニーズが商品となるのである。それは「子育ての外注化（外部発注化）」と「子どもの商品化」と名付けることができよう。このいとなみへの依存は必然的に子育てをお金に依存する、という構造をつくることになる。このため、お金がなければ子育てができない。所得のありようが子育ての質を左右するのである。

保育の貧困が生む子育ての貧困

人の子育ては、子どもが生まれ落ちる社会が複雑で流動的なために、実の親のみではいとなむことが不可能だ（複数・協同による子育ての必要性）、ということが学際的な研究によって明らかになりつつある。[3]その意味で、親を中心におきながらさまざまな人々が参加する協同的な子育てこそが、人類の子育ての形だといえる。さらに、社会構造によって人口が流動化し、ムラを単位にした協同の子育ては崩壊している。となれば、国や市町村といった公的な機関による直接的な子育ての協同化、つまり、公立保育所や認可保育所、子育て支援施設による公的な子育てサポートが地域で協同的な子育てを維持する重要な手段である。そして、保護者の支払い能力に左右されることなく、必要に応じた保育が受けられること（応能負担の原則）がすべての子どもに保障されなければならない。経済的側面によってや、保育所が足りないために保育が保障されないことは、それ故、保育の貧困であり、これが子育ての貧困の拡大を生み出し、子どもの生きづらさを増幅することになるのだ。

2 沖縄の子育て・保育の貧困の歴史 ● 復帰後も続く収奪の構造

では、子育ての貧困や保育の貧困がどのような要因からもたらされるのか。沖縄から考えていくことにしよう。沖縄は、日本の中で南西諸島に位置し、気候も亜熱帯という独特の地理的条件をもっている。「琉球弧」といわれる独特の文化圏とされ、大和文化のみならず、大陸の文化の影響を受けた交易で栄えた豊かな島であった。江戸期に入り薩摩藩の支配に脅かされ、明治に入ると日本国の支配下とされ、琉球独特の文化は、大和文化に適応できない劣った文化とされ、標準語教育や「方言札」[4]に代表されるように、国家統一の名の下に駆逐の対象とされてしまう。第２次世界大戦では、地上戦の犠牲となり、戦争が終結してもその軍事の地理的な条件からアメリカにより植民地化され、ほとんどの平地は軍事基地として収奪されていく。このため、沖縄という土地で独自に産業を発展させることができなかった。

このような経済的貧困は、１９７２年の本土復帰[5]以後も続くことになる。経済振興予算によって開発されても、開発を請け負うのは本土の大企業である。１９７５年に行われた沖縄海洋博では道路整備や大規模開発が行われたが、その受注先の多くは本土大手のゼネコンであり、沖縄の業者は下請け孫請けのおこぼれをもらうにとどまった。このとき、沖縄ではコンクリート不足が生じ、質の悪い海砂によるコンクリートを使用することが続いた。当時、突貫で増設が行われた公立保育所が、現在、建物が老朽化しコンクリート剥落問題が起きている。自前で建て替え予算が出せない自治体では、建て替えを条件にした民営化で急場をしのぐ始末である。

このように、沖縄は軍事戦略と経済成長のグローバルな開発戦略のなかで軍事的にも開発経済的にも、アメリカや日本の大企業からの収奪の対象であり続けている。このため、自立するための経済的基盤が脆弱《ぜいじゃく》であり、このことが沖縄の人々が健康で文化的な生活を送ることを阻む、貧困状態をつくり出してしまう。

3　子育ての貧困に直結する低い所得水準

保育料から見る所得階層

沖縄は、このような歴史的経緯のなかで生じた経済的な貧困によって、所得水準が慢性的に低水準を推移している。沖縄県民の所得は２０１２年で２０３万５０００円と全国最下位、東京の４４２万３０００円の半分以下で約２３９万円少なく、下から2番目の鳥取県２３６万３０００円とは32万８０００円もの差がある。[6] この結果は保育料を支払う所得階層の差に顕著に表れる。

保育所の保育料は所得に応じて保育料が異なりいくつかの階層に分かれているが、屋良朝輝の２０１０年の保育料の階層別調査[7]によると、全国においては所得階層のピークは、第5階層と呼ばれる所得税納税額が４万円以上10万３０００円未満の層となっている。

これに対して、沖縄県は第2階層である市町村民税非課税にピーク（28・6％）があり、第3階層（市町村民税課税世帯）20・3％、第4階層（所得税４円万円未満）は22・5％と、第2階層から第4階層までで7割を超え、ここに沖縄の保育所利用者が集中していることがわかる。第5階層の15・5％は、全国24・4％より約10ポイント下まわっている。保育料を支払う世帯の収入を見ると全国との格差が深刻であることが見て取れよう。

保育料を肩代わりする沖縄県市町村

世帯が低階層に集中することは県内の市町村の保育所運営に影響を及ぼす。２０１１年度沖縄県内の市町村は保育料17億円分の住民負担を肩代わりしている。保育園の運営費には国の基準があり、それに

図表 1－1●沖縄県各自治体の保育料／3 歳未満

（円）

市部自治体名	第1階層	第2階層	第3階層	第4階層	第5階層	第6階層	第7階層	第8階層
那覇市	0	7200	14150	24450	36250	39600	40800	53000
宜野湾市	0	8200	16200	25000	37200	40500	42500	51300
石垣市	0	8000	12500	23000	34000	37000	38000	41600
浦添市	0	8000	15500	23000	33000	42000	45500	52000
名護市	0	9000	13050	22750	36750	39000	39400	39500
糸満市	0	8300	14800	23300	31600	41850	59000	78000
沖縄市	0	9000	15700	24000	36600	41300	41800	51000
豊見城市	0	9000	15000	24800	36250	41000	43000	48500
うるま市	0	9000	15000	23000	35000	38000	39000	50700
宮古島市	0	8400	14300	24200	35100	37500	40500	43500
南城市	0	8000	14500	24500	34000	37000	41500	46000
市部平均	0	8373	14609	23818	35068	39523	42818	50464
国基準比較		93.0%	74.9%	79.4%	78.8%	64.8%	53.5%	48.5%
国基準	0	9000	19500	30000	44500	61000	80000	104000
町村部自治体名	第1階層	第2階層	第3階層	第4階層	第5階層	第6階層	第7階層	第8階層
本部町	0	7000	18500	25000	38000	43000	48000	62000
宜野座村	0	7000	13000	19000	27000	33000	36000	40900
読谷村	0	12000	17500	27000	33500	37800	40000	50000
北谷町	0	8000	15500	24000	33000	39000	41000	50000
北中城村	0	9000	15500	23000	35500	42700	47900	52500
西原町	0	9000	18500	27000	35500	42500	48000	63000
与那原町	0	8000	15000	25000	35000	39500	43500	47500
南風原町	0	9000	18500	27000	37000	42500	46000	49500
久米島町	0	8000	17000	26000	32000	37000	40000	52000
八重瀬町	0	8000	14000	23500	33500	37500	41000	44500
町村部平均	0	8500	16300	24650	34000	39450	43140	51190
国基準比較		94.4%	83.6%	82.2%	76.4%	64.7%	53.9%	49.2%
国基準	0	9000	19500	30000	44500	61000	80000	104000
市町村平均	0	8433	15414	24214	34560	39488	42971	50810

注：階層ごとに細分化された保育料を設定している自治体は、平均値で表示しているため、実際の保育料とは違うケースがある。
出所：屋良朝輝「沖縄県下の自治体、保育料 17 億円補てん」月刊『保育情報』2012 年 12 月号 p.7 より

図表 1－2 ● 沖縄県各自治体の保育料／3 歳以上

（円）

市部自治体名	第1階層	第2階層	第3階層	第4階層	第5階層	第6階層	第7階層	第8階層
那覇市	0	5700	11725	20363	25175	25700	26050	32750
宜野湾市	0	5200	13800	22500	27000	28500	29000	31600
石垣市	0	6000	10500	20000	24750	26000	27000	29000
浦添市	0	6000	13000	20500	27300	28500	29500	30700
名護市	0	6000	10225	18600	25500	27000	27400	27500
糸満市	0	6000	12600	20300	25000	30875	32550	32550
沖縄市	0	6000	13100	19300	26100	27200	28200	32100
豊見城市	0	6000	11500	21750	28100	30000	32000	39000
うるま市	0	7000	12500	20000	25100	26000	26000	34100
宮古島市	0	6000	11900	22100	26500	27500	28500	31500
南城市	0	6000	11500	21500	27500	30000	34000	38000
市部平均	0	5991	12032	20628	26184	27934	29109	32618
国基準比較		99.8％	72.9％	76.4％	63.1％	48.2％	37.8％	32.3％
国基準	0	6000	16500	27000	41500	58000	77000	101000
町村部自治体名	第1階層	第2階層	第3階層	第4階層	第5階層	第6階層	第7階層	第8階層
本部町	0	5500	13000	21000	30000	35000	40000	52000
宜野座村	0	6000	10000	16000	22000	25000	28000	32900
読谷村	0	10000	14800	24300	29000	31900	38500	48400
北谷町	0	4750	12000	20500	26250	27500	28250	31000
北中城村	0	6000	12000	20000	26500	28500	30000	34600
西原町	0	7000	15500	24000	27000	29500	31500	32550
与那原町	0	5500	12000	23000	28000	30000	33500	37000
南風原町	0	6000	15500	24000	29000	31000	33000	35000
久米島町	0	6000	14000	23000	29000	34000	37000	50500
八重瀬町	0	6000	11000	19500	25500	27500	30000	33000
町村部平均	0	6275	12980	21530	27225	29990	32975	38695
国基準比較		104.6％	78.7％	79.7％	65.6％	51.7％	42.8％	38.3％
国基準	0	6000	16500	27000	41500	58000	77000	101000
市町村平均	0	6126	12483	21058	26680	28913	30950	35512

注：階層ごとに細分化された保育料を設定している自治体は、平均値で表示しているため、実際の保育料とは違うケースがある。
出所：屋良朝輝「沖縄県下の自治体、保育料 17 億円補てん」月刊『保育情報』2012 年 12 月号 p.7 より

基づき国、県、市町村と利用者から徴収する保育料が決められており、運営費はその総額、ということになる。**図表Ⅰ-1、Ⅰ-2**は国と沖縄県内主要自治体の保育料を比較したものだが、多くの自治体で国基準よりも低めに設定されている。これは、国基準の保育料が高く設定されているために、利用者負担を軽減することを目的に保育料を市町村がもち出ししているためである。この総額が沖縄県全体で17億円に上るのだ。**図表2**は各自治体の保育料、**図表3**は階層別の国基準の保育料である。各自治体とも国基準よりも低く設定をしていることがわかるだろう。そして、低階層のみならず、第7、第8といった高階層も国基準より低く設定されており、自治体の差額負担は高階層になるほど高くなっている。月額で第6階層6万1０００円、第7階層8万円、第8階層10万4０００円（3歳未満）という保育料は所得を考慮しても高額である。

また、3歳児以上保育料の国基準月額10万1０００円というのは、後述する沖縄県の公立幼稚園の5歳児の保育料の約17倍になり、認可外保育所の保育料に比しても5～10倍である。このため、市町村が肩代わりして2分の1程度の保育料に抑えているのだが、利用者が払う保育料をどれだけ低く抑えられるかは、市町村の財政状況に左右される。この結果、市町村によって保育料格差が生じてしまうことになる。

公的支援なしには維持できないひとり親世帯の暮らし・子育て

子育ての貧困を「ひとり親家庭」という視点から考えてみよう。２０１０年の国勢調査によれば

図表 2 ● 沖縄県認可保育園保育料の比較と補てん／3 歳未満

（円）

階層区分	推定平均年収	国基準	県平均	補てん分
第 1 階層	生活保護世帯	0	0	0
第 2 階層	〜255 万円未満	9000	8252	748
第 3 階層	255 万〜334 万円未満	19500	15077	4423
第 4 階層	334 万〜467 万円未満	30000	23836	6164
第 5 階層	467 万〜640 万円未満	44500	33447	11053
第 6 階層	640 万〜932 万円未満	61000	38292	22708
第 7 階層	932 万〜1132 万円未満	80000	41600	38400
第 8 階層	1132 万円以上	104000	47730	56270

注：推定年収は子ども 2 人世帯、保育料は子ども 2 人目から半額、3 人目無料
出所：屋良朝輝「沖縄県下の自治体保育料約 17 億円補てん」
月刊『保育情報』2012 年 12 月号 p.8 より

図表 3 ● 国基準保育料基準額表

（円）

階層区分	3 歳未満	3 歳以上
第 1 階層	0	0
第 2 階層	9000	6000
第 3 階層	19500	16500
第 4 階層	30000	27000
第 5 階層	44500	41500
第 6 階層	61000	58000
第 7 階層	80000	77000
第 8 階層	104000	101000

出所：屋良朝輝「沖縄県下の自治体保育料約 17 億円補てん」
月刊『保育情報』2012 年 12 月号 p.8 より、一部吉葉改変

100人あたりの母子・父子世帯数は3・06世帯で全国で一番多い県である。また、沖縄県は核家族化率の高い県である。2010年の国勢調査では87・34％で10位、9割近くが核家族である。子育ての孤立という視点でここにひとり親世帯も位置づけられるとすれば、子育て世帯の生活困難は深刻となる。2013年の沖縄県の調査[8]によれば、母子世帯の年間総収入は150万〜200万円が20・7％でピークをつくり、200万〜250万円が19・3％、100万〜150万円15・3％と100万〜200万円に集中している（55・3％）。母子扶養手当などの公的扶助を除いた就労収入は、100万〜150万円が33・3％、150万〜200万円が19％、50万〜100万円が14・3％、200万円以下の合計が74・8％で母子世帯の4分の3を占め、公的扶助（生活保護や児童扶養手当）がなければ生活ができない状態に陥る。

父子世帯は母子世帯とは異なる問題が生じる。世帯の総収入は、150万〜200万円（23・7％）と100万〜150万円（23・0％）、200万〜250万円（20・4％）と母子世帯と同様なピークをもつが、自身の労働総収入を見ると200万〜250万円（21・7％）、100万〜150万円（18・5％）、300万〜400万円（14・2％）、250万〜300万円（12％）の順となる。父子世帯の場合、世帯収入が年間労働収入より低くなるのは、母子世帯と比べ公的扶助制度が薄いことや税金が収入より引かれるなど、控除されることが少ないことの影響があるのではないだろうか、この結果、父子世帯も母子世帯と同様に生活にリスクを抱える可能性をもってしまう。このことは、日々の暮らしについて「大変苦しい」「苦しい」「やや苦しい」と答える数値が母子世帯80・9％、父子世帯79・8％と、どちらも約

8割の世帯が苦しいと答えていることからも明らかだろう。

また、特に不安や悩みを感じていることでは、「家計（生活費）」が母子世帯75・7％、父子世帯68・5％、次に「子育て・教育」が母子世帯40・4％、父子世帯46・6％となっている。生活費と子育てに悩みや不安を抱え、子育てへの悩みは父子世帯のほうが、約6ポイントも高くなっており、父子世帯の公的支援のあり方を考える必要があるだろう。このように母子、父子世帯ともに公的支援がなければ生活や子育てを維持することができない状態に置かれている。これらの世帯は、「子育てのリスクを抱える」を象徴している世帯である、彼らの困窮は沖縄の子育ての貧困を象徴するものとして見ることができるだろう。

4 子育ての貧困の根底にある劣悪な雇用・労働条件

では、保護者の経済状況を左右する労働環境はどのようになっているのか。沖縄県は他県に比べ正社員数が最も低い。２０１２年の正社員数[9]は１００人あたり21・64人、全国平均は27・55人、最も高い東京都は31・73人で10人もの差が生じる。非正規雇用も44・52％（２０１２年）で5割近くが非正規しか仕事がない。完全失業率も全国一（5・7％　２０１３年）、最低賃金も時給６９３円と高知県や鳥取県などと最低水準となっている。最高額の東京都は９０７円で２１４円の差、これを１か月（8時間×20日）で計算すると３万４２４０円もの差となる。一方、沖縄県の共働き率は全国で下から7番目（40位）と低い。これはパートなど、安定した就業先が少ないことと、ひとり親世帯などが除外されている不安定な就労状況を表す数値と考えた方がよい。

したがって、沖縄の世帯の労働環境は、賃金が低く必然的に不安定な就労となる。このため、子育て世帯では、休日出勤や長時間の労働、深夜労働を余儀なくされることになる。この状態を生み出すそもその問題は家庭にあるのではなく、雇用環境を改善しない社会構造と、それを放置する政策にある。このことを解決するには保育所整備などの公的な支援は不可避となる。そして、この整備が公的に行われなければ、それは「社会的な保育の貧困」ということになる。

5 アメリカ統治の影響が残る5歳児幼稚園保育

保育制度の貧困を考えるうえでは、沖縄の5歳児幼稚園保育にふれる必要がある。沖縄県は、アメリカ統治下の影響で、5歳児の1年間だけではあるが公立幼稚園が小学校区に1園の割合で整備されている。

沖縄県内の公立幼稚園の保育料は平均月額6000円と低く抑えられているために、年収によっては、認可保育園よりも公立幼稚園が安くなる。このこともあり、沖縄では、5歳児の約8割が公立幼稚園に就園している。これは、本来、「保育に欠ける」5歳児が、幼稚園に就園していることを意味する。公立幼稚園の預かり保育はすべての「保育に欠ける」幼稚園児が利用できるわけではない。預かり保育を利用できない場合、5歳児の学童保育や、認可外保育施設を利用するしかない。また、預かり保育等の保育料は別途かかるため、経済的に苦しい世帯はこれらを利用できない。このような場合、子どもたちは幼稚園の保育時間終了後の行き場を失ってしまう。

また、公立幼稚園は、２０１５年の新制度から施設給付型へと移行する。このため、保育料は原則応能負担となる。２０１５年現在、各市町村が移行措置をとってはいるが、財政負担の面から、各市町村とも応能負担となる可能性が高い。沖縄県ではこの場合、公立幼稚園の保育料が2倍以上の値上げとなり、認可保育園と変わらなくなってしまう。

沖縄県では、5歳児が公立幼稚園へ移行（入園）することを前提に認可保育園が整備されているため、多くの保育園で5歳児クラスがないか、定員数を低めに設定している。保育料が変わらないのであれば、保育料が安くなるという、幼稚園に移るメリットがなくなるため、保育園で卒園を迎えたいというニーズは高まる可能性がある。しかし、認可保育園の5歳児受け入れの現状ではそれに応えることができない。

新制度は、学童保育を就学後の施設として位置づけ運営費の補助が出ることとなった。しかし、5歳児問題を抱えているため、都市部の市町村では就学前学童保育の運営に補助を出してきたが、新制度によりこれが廃止される。制度改変によって5歳児の行き場がなくなるという皮肉なことが起きてしまうのだ。

これらの理由から、沖縄県では、認可保育園の5歳児保育の整備が急務となっている。

6 遅れる沖縄の公的保育の整備

前述したように、沖縄の世帯（家庭）の子育て機能は単独ではきわめて脆弱で、何らかの公的支援を受けなければ子育て機能を維持することはできない。そして、その様態が深刻であればあるほど、その必要に応じて、乳幼児が保育を受けることが保障されなければならない。そしてそれは、保護者の経済状況に左右されることなく公的に支援されなければならない。公的保育の充実は、国が財政負担を削減しているため、市町村の財政状況に深く依存することになる。結論を急げば、沖縄県の市町村は、市町村のみの財政負担では、深刻な子育ての貧困への防波堤となる保育保障を補えないでいる。

高い待機児率・立ち遅れる認可保育所整備

沖縄は公的な保育を担うための認可保育所の整備が全県レベルで遅れている。平成26年度（10月１日現在）[10]の待機児童数は３４５５名（中核都市の那覇市を含む）で、全国で2番目に多い。１位の東京都は１万２４４７名と数でいえば大きな差が開いているが、待機児童率で見ると、沖縄は８・４％に対し東京都は６・１％、人口比で見ると沖縄は全国一認可保育園の整備が遅れている。

県内の待機児童数の多い市町村は、那覇市（８２３名）、宜野湾市（３６９名）、沖縄市（３４８名）、浦添市（３１９名）糸満市（２３２名）と、沖縄本島の南部中部の都市部が多いが、待機児童率で見ると、金武町（北部18・6％）、与那原町（南部16・7％）、恩納村（中部16・0％）といった農村地域が高くなる。つまり、沖縄の場合、都市・農村を問わず、保育所の必要を求める住民の声があり、市町村もそのことを認めているにもかかわらず保育所整備が立ち遅れていることになる。厚生労働省が50人以上の待機児童のいる地域に解消計画の策定を求めているのだが、98市町村には、那覇市、沖縄市、宜野湾市、浦添市、糸満市、南城市、与那原町、北谷町、石垣市（島嶼部）、豊見城市、宮古島市（島嶼部）、読谷村と12自治体が名を連ねている。保育所整備の遅れが全県に及ぶことを如実に示している。

不足する長時間保育・夜間保育・休日保育――保護者の労働条件に見合った保育の質

では、保育の質はどうなのか。沖縄の認可保育園は、保育時間が沖縄の保育に欠ける（必要な）保護者の現状に対応し切れていない。先のような沖縄の保護者の労働現状から見れば、その状態を労働政策が放置するのであれば、不安定かつ低賃金の沖縄の現状に合わせて、休日や延長・夜間の保育を行ってしかるべきところであるが、夜間保育を行っている認可保育園は県内に2か所だけである。また、休祝日の保育を行う園も0か所である。公立保育所では、最近まで、土曜日に働かざるを得ない母親がいないかのように母親とのアタッチメントが大切だという理由で土曜保育を実施しなかった自治体もある。

行き過ぎた保育のサービス化は子どもの生育環境に悪影響がある。しかし、保護者の労働環境の長時間かつ不安定化は進むばかりである。認可保育園が保育の補完を行わなければ、家で放置されるかベビーホテルの劣悪な環境で保育されるしかなくなる。まず「保育に欠ける乳幼児」が安心して生きていける環境で養護されること、このことで子育てに余裕をもてること、孤立しがちな保護者が保育という場で保育者と出会い自分の思いを打ち明けることができること、これらの条件がそろってはじめて、子育てと自分の労働について客観的に考えることができるのだ。したがって、保護者の労働条件が悪い沖縄こそ、長時間保育や夜間保育、休日保育などが公的に保障されなければならない。

幼稚園・保育園保育料の逆転――社会問題のネグレクト

また、沖縄の保育料は前述したように相対的に高く設定されている。これは2013年まで県内の公立幼稚園が県平均月額約6000円（一律）、中部地区のある村では月額一律3000円（保育所の保育料は第2階層で9000円）と、保育に欠ける子どもを養護するはずの保育園なのに幼稚園よりも保育料が高くなってしまう。また、沖縄の認可外保育園では、全国に比べ、事業者の自助努力で、保育料を低く抑えている。医師で沖縄県保育向上推進協議会の会長でもあった伊集唯行によれば、沖縄県の認可外保育園の保育料は0歳児では月額3万～4万円、1～5歳児は1万～3万円という設定が最も高かったと指摘している。[11]この金額では、共働きで所得が高い世帯では、公立保育園や認可保育園よりも認可外に子どもを預けた方が安くなる。「保育に欠ける（必要とする）」ことを補完することが公的制度なのに保育料は認可外の方が安くなる、という施策の「逆転」はこれだけに留まらない。自前の給食を提供する環境や土曜保育や長時間保育など、沖縄の中で「保育に欠ける（を必要とする）」要件が重なるほど、特に「公立」は財政難などを理由にその必要条件すら満たせなくなってしまう。保育サービスが公的保育よりも「保育に欠ける（を必要とする）」要件を満たしてくれる、という「逆転」が起きているのだ。ただし、それは利用者の自己責任、受益者が負担できる料金の範囲での話となる。

保育＝サービス＝商品という発想による受益者負担に傾斜する保育制度のあり方が、本来必要とする人が、保育を受けられない、という保育の貧困を生み出す。このことによって、より子育てが貧困となり保育を受けられない状況へと追い込む。これは社会構造による子育てにおける社会問題のネグレクトにほかならないのではないだろうか。

児童福祉制度全般の不備●●政策的ネグレクト

この、社会構造を要因とした「保育に欠ける」様態を結果として社会的にネグレクトする、政策としての「保育の貧困」、子どもを守る児童福祉制度の不備は、保育所保育だけではない。児童養護施設、乳児院、児童相談所、これらの児童福祉に関連する社会的な整備は他県の水準を下まわる。ある調査によれば、沖縄県の家庭内暴力の発生率は全国一高い状況がある。乳幼児、特に1歳までの虐待のリスクは高く子どもを社会的に保護する必要があるが、その役割を担う乳児院は沖縄には1か所しかない。

歴史をたどってみると、この要因は、①憲法および児童福祉法制を保障する財政面からのナショナルミニマム整備が戦後のアメリカ統治によって遅れてしまったこと、②この戦後処理が復帰以降もネグレクトされたまま小泉構造改革[12]による社会福祉・社会保障における国の責任を放棄（ネグレクト）する国家政策[13]の影響を受けたこと、にある。この二つの、国家による社会政策のネグレクトが、沖縄の子どもと保育の貧困に大きな爪痕を残し、広げ続けている。沖縄から見れば、国の政策は未だ癒えない傷に塩を塗りたくるようなものなのだ。

7 保育制度の貧困を支える認可外保育施設

このような状況のなかで、長時間保育や休日保育、夜間保育、乳児保育、乳児期の障害児保育など、沖縄の「保育に欠ける」制度に埋もれた「保育に欠ける」を担うのは待機児童の受け皿である認可外保育園である。伊集[14]によれば（**図表4**）、２０１２年3月1日現在の認可外保育園に区分される施設数および園児数は４４８か所、２万２１７８人、全国比でそれぞれ5・79％、11・9％である。ここから「ベビーホテル」に区分される施設を除くと、施設数は7・33％、園児数14・23％と比率がアップする。認可外に入所している園児の14％もの園児数が沖縄に集中していることになる。一方認可園は施設数３３４、園児数は3万６９０人、単純に比較すれば施設数で１３４％、園児数で60％となり、いかに保育において認可外に支えられているかがわかる。

また、沖縄における認可外保育園保育科の低い現実は前述の通りだが、沖縄の場合、認可外保育園では、給食費補助以外の公的補助はなく、保育料のみに運営費を依存するため、運営費負担は事業主に重くのしかかる。この結果、人件費を抑えざるをえないという状況が慢性的に生まれてしまう。このため、認可外保育士の給与は高くても「月給与15万円前後で頭打ち、医療や年金の保険が付与されている職場

図表4●全国と沖縄の認可外保育施設の比較

種別		園児数 施設数	全国	沖縄	比率 (%)
認可外保育所	ベビーホテル	施設数	1830	15	0.82
		園児数	32688	510	1.56
	その他	施設数	5909	433	7.33
		園児数	152271	21668	14.23
	小計	施設数	7739	448	5.79
		園児数	184959	22178	11.99
事業所内保育所		施設数	4165	35	0.84
		園児数	61452	765	1.24
院内保育所		施設数	2555	16	0.63
		園児数	45911	519	1.13
総合計		施設数	14459	499	3.45
		園児数	292322	23462	8.03

出所：伊集唯行「沖縄の認可外保育園（施設）の現状と課題」浅井春夫・吉葉研司編『沖縄の保育・子育て問題』（明石書店、2014年）p.48の表データより、吉葉作成

は数少ない。運営者も長時間の業務従事や家族労働で何とかしのいでいる」[15]という状況である。内閣府の『沖縄県待機児童対策スタディ・グループ　提言』（２０１０年６月）でも沖縄県の認可外保育所について言及されているが、沖縄における認可外保育所が果たす役割を認めながら、すべての保育従事者が保育士資格をもつ施設が６％、３分の１以下にとどまる施設が25％と報告されている。施設規模も20人から39人と認可基準を下まわる施設が７割であり、認可化を行うには障害となっている。沖縄の「保育に欠ける」乳幼児の保育保障には認可外保育所の質を高める必要があり、沖縄特区制度などを活用し準認可基準を設けて小規模の公的保育制度を創り、沖縄での保育の貧困や保育の商品化によって子どもが犠牲になることに歯止めをかける必要がある。

8 保育士の労働条件の貧困

これまでは、保育を受ける側である子どもと保護者の問題を見てきた。では、保育を提供する保育者の待遇・労働条件はどうなのか。県内の保育士へのアンケート[16]によると、県内で登録している保育士有資格者の数は約1万6000人、そのうち認可保育園で実際に働く保育士の数は約7000人と、登録者数の半数にも満たない。これには沖縄県内の保育士の処遇の悪さがある。2012年の沖縄県内の保育士の年間所得は正規職員の全体平均で240万7000円。そのうち、公立243万7160円、私立237万7536円、これを単純に12で割ると、20万583円、19万8129円となる（この額は賞与分も含まれているので実際には16〜17万円前後が給与だろう）。このときの全国平均年収[17]は315万300円なので、全国平均から70万円も低く、正規の職員でも300万円に満たない額に抑えられてしまっている。これに対し、非正規の職員は全体平均で、195万1000円である。公立で非正規の場合、市部は183万5000円、町村部は197万5000円、私立の平均は192万3000円である。この結果を見ると、まず非正規の平均は正規の平均に比べ50万円から60万円低く抑えられている。そして、市部の非正規は私立の平均よりも低く抑えられており、公立だけで見ても、公立非正規の場合、市部の非正規は公立正規よりも約60万円、町村部の非正規よりも10万円近く低いことがわかる。

また、認可保育園の保育士の正規職員の比率は、全体としては正規職員49％、非正規51％、公立の正規職員48％、非正規52％、私立の正規職員50％、非正規50％で、半数は非正規の職員となっている。公立の正規職員は市部では50％、町村部は44％となっている。「財政規模の小さな自治体ほど、支出の少ない非正規化を進めて」おり、その背景には小泉政権下で行われた公立保育所の運営費の一般財源化による自治体の運営費負担増が考えられる。国の保育施策を公立で維持しようとすると地方財政が逼迫《ひっぱく》する。このことによって人件費を低く抑える構造が地方自治体にはでき上がっている。「保育に欠ける」乳幼児を保護する仕事に携わる保育士がまさにワーキングプアなのだ。保育士になるよりもコンビニでバイトをしていた方がいいという世相は沖縄では笑い話にならない。

このように見てくると、子育ての貧困の防波堤になるはずの社会的保育は、沖縄では、制度そのものが貧困の歯止めとならず、むしろ子育ての貧困を放置せざるを得ない現状を生み出す。したがって、沖縄における保育の貧困状態の制度的・社会的ネグレクトは「保育に欠ける」様態を再生産し、問題を増幅させてしまう、といっても過言ではないのだ。

9 「子育ての貧困」に抗する沖縄の公的保育の拡充のための提言

小泉構造改革以降、露骨に、国民の生活は市場と見なされ、生活という市場の開発と拡大のために、国民の公的な生活保障はできるだけ民営（産業）化し、貧困の防波堤となる社会保障では国の責任は激減し地方自治体の責任へと転嫁されていった。社会福祉や保育の問題は、ニーズの多様化と受益者の自己責任と見なされ、国の予算を削り、「サービス」という名の商品に保育を変えてビジネスチャンス（金儲け）と見なされるようになった。「保育に欠ける」という状況が保育所保育の保育目的を生み出す根幹であるのならば、そこにビジネスチャンスがあると考える保育産業は、子育てにおける「貧困ビジネス」と呼んでもよいのではないだろうか。貧困ビジネスは、貧困を市場のターゲットにする。したがって貧困を増殖し不安を煽ることはあっても、貧困の解消には消極的だろう。また、ビジネスの対象とならないような貧困を商品化はしない。となれば、沖縄で子育ての商品化がすすむだけであれば、子育ての孤立化は進み、富裕層と貧困層、財政基盤のある都市部と基盤のない都市部や農村部そして島嶼地域、これらの格差は広がるばかりだ。財政に苦しむ都市部・農村部・島嶼地域は軍事政策である基地関連補助金という「麻薬」に頼らざるを得なくなる。ここに、沖縄の子どもを守るために、沖縄の子どもの命を脅かす軍事政策を温存するという社会構造の根がある。沖縄の自立を阻んでいるのは、いったい誰なのか。

沖縄の保育に求められているのは、子育ての貧困の要因を解消する保護者の所得保障、労働環境における貧困の再発見とその改善を進める基盤としての子育ての協同化である。子育てを外注化し商品化していく産業依存の子育ての社会化は、沖縄の子育てに格差を増殖させ孤立を再生産させる。

ここで沖縄に必要な公的な保育保障（子育ての協同化を進めるための基盤づくり）を整理する。

（1）まず、公的な枠組みに基づいてしっかりと保育を保障できる認可（公立も含む）保育園を増やすことである。そして保育料を現在の沖縄県内の認可外の保育料である2〜3万円を上限とした応能負担とし、利用者負担を軽減すること。

（2）労働時間が不安定で深夜労働が多い沖縄県において、正社員の増加、定時8時間労働、産休・育休制度等の雇用条件の改善がない限り、沖縄の現状に見合った保育時間の延長が必要となる。休日保育・延長保育・夜間保育などを認可保育園、公立保育所で充実させていくことができなければ、保育が子育ての貧困を補完できなくなる。これらの保育の質を保障するにはこれらの保育を公的に担うことがどうしても必要になる。

（3）すべての子どもに3年間の社会的保育を保障することが沖縄には求められている。貧困世帯は、労働者世帯以外にも存在する。本来、無就労世帯でも、「保育に欠ける」と認められれば保育所入所が可能だが、待機児童数が多い沖縄県では問題が潜在化してしまいがちである。貧困も早期発見、早期社会的保育が重要だとすれば、沖縄の場合、1号認定のすべての3歳児から公立幼稚園に入園できるように幼児教育制度を充実すべきである。

（4）一定の公的水準が担保できる認可外保育園に対する補助政策が沖縄県には必要である。長時間保育や乳児保育、「障がい」児保育、待機児童がいく場所として認可外保育所は、沖縄の認可制度からこぼれ落ちる「保育に欠ける」乳幼児の受け皿となってきた。保育料も一律で他県よりも格段に低く抑えている結果、良心的な認可外保育園ほど経営は成り立たなくなってきている。経営基盤や定員が認可園並みに安定しているところは、認可化を促進すればよいが、小規模の家族経営的な保育所などには、一定の保育基準を設けて準認可制度などをつくり、地域の小さな公的保育所として、保育に欠ける乳幼児の受け皿とする必要がある。

（5）そして、公立幼稚園や公立保育所、認可保育所、準認可小規模保育所のネットワークを校区単位で創設し、保育の協同化を促していくことが重要となるだろう。

（6）これらの施策は、憲法25条および児童福祉法第2条に基づき国の責任において、地方自治体が地域の「保育に欠ける」現状に基づき施策の具体化を行うことを財政面から支援すべきである。そのことにお金がかかるのは生活保障問題や労働問題を放置してきた国の施策に問題があるという認識をし、保育におけるナショナルミニマムを充実すべきだろう。

（7）国と市町村の調整役として県の果たす役割を考える必要がある。沖縄県は市町村に責任があるとして、県自身が保育施策を充実することに消極的になりがちである。しかし、県が果たすべきことはある。市町村が施策の具体化を図るために県レベルで実態を把握し、県内で先進的な保育施策を分析する、あるいは都市部・農村部・島嶼地域に分けて進捗状況と課題を整理する、などの県レベルの保育施策の情報の集約と分析、市町村レベルでは限界となる課題を国にあげて、国の保育制度の改善を求めていくということは、県だからこそできることである。また、県内で保育の質を維持し保育の格差を生まないためにも、一定の財政支援も視野に入れてはどうか。県のイニシアティブが問われている。

保育の貧困、それは子育ての貧困を一貫して放置し続けている制度的・社会的ネグレクトを象徴する言葉である。沖縄の保育の貧困は、沖縄という地域において、子どもの健康で文化的な最低限度の生活保障を国が放置してきた歴史でもある。この視点に立ち、戦後補償の一環として、沖縄の保育の協同化の改善への公的資金投入の必要性と、すべての子どもに健康で文化的に生きる保育の権利保障を行うためのナショナルミニマムを基盤とした公的保育制度の設計を心から訴える。

【追記】

原稿を校正している最中に、沖縄の子どもの貧困について新たな調査結果が相次いで報告された。山形大学の戸村健作氏による２０１２年「就業構造基本調査」に基づいた沖縄県の貧困率および子どもの貧困率はそれぞれ、34・5％、37・5％と3割を超える結果[18]を明らかにした。

また、沖縄県も独自で子どもの貧困調査を行い、29・9％、ひとり親世帯では58・9％となることを公表した。沖縄県の子どもは3割が、ひとり親世帯では6割が貧困という異常な結果が明らかとなり、国を挙げての公的な貧困対策が早急に求められている。今回の沖縄県の調査の対象は学童期以降が中心で乳幼児期の子どもは対象外となっている。貧困の改善は早期発見、早期支援が重要である。その意味で、乳幼児期の子どもと親の貧困についての調査研究が今後の重要かつ緊急な課題といえる。

戸村氏は全国の子育て世帯の貧困率が20年前の2倍にもなっていることを指摘している。[19]小泉構造改革以降、沖縄のみならず全国的に子どもの置かれている状況が深刻になっていることは明らかだ。小泉構造改革は保育に国の責任の放棄と市場原理の導入をもたらした。その影響が全国に及んでいる。子どもを犠牲にする社会に発展はないだろう。地域の子どもの実態を見据えた貧困対策が全国的に求められている。

●注

1　２０１５年４月から「子ども子育て新制度」が実施された。その際に児童福祉法が改定され、保育所保育の位置づけが「保育に欠ける」から「保育を必要とする」に変更された。筆者はこの変更は、保育所保育が社会構造から生み出される社会問題を背景にするという公的性格を見えなくしてしまうものだと考えている。ここでは沖縄の保育を論じる際に、あえて、「保育に欠ける」を用いることにする。

2　香山リカ「ニッポン母の肖像」『歴史は眠らない』２０１０年10・11月号、日本放送出版協会

3　例えば、明和政子は、人類の雌のみが閉経の後も生きているとし、その要因として複雑な子育てをサポートする戦略として「おばあちゃん」をつくったのではないかという仮設をたてている。詳しくは明和政子『まねが育む人の心』（岩波ジュニア新書、２０１２年）第６章を参照のこと。

4　方言札とは、標準語教育推進のため、小中学校で方言を話した生徒に罰として首から下げさせた木札のこと。かまぼこ板くらいで「方言札」と墨書した板を、方言を話した他の生徒が見つかるまで下げさせるなどした。各地にあるが、特に標準語教育が厳しかった沖縄では、明治40（１９０７）年ころから昭和35（１９５０）年ころまで用いられた。

引用：デジタル大辞泉より https://kotobank.jp/word/%E6%96%B9%E8%A8%80%E6%9C%AD-627441 ２０１５年９月現在

5 第２次世界大戦の敗戦を受け、沖縄はアメリカの占領下におかれることになるが、１９７２年５月15日、27年の歳月を経て日本に「復帰」する。この27年間、日本国憲法下におかれなかったことが沖縄県民の人権保障の財政基盤と制度の確立を遅らせることになった。保育制度や医療保険などの公的社会保障制度はアメリカになかったため、沖縄では本土のように国の責任を明確にして制度化することが27年遅れることになる。基地問題に目がいきがちだが、沖縄県民の生存権保障という視点からも、沖縄の戦後責任を問う必要があると考えている。

6 内閣府「平成34年度県民経済計算の推移結果」２０１５年６月３日発表

7 屋良朝輝「沖縄県下の自治体、保育料17億円補てん――国・県の財政支援が急務」『月刊 保育情報』２０１２年12月号 保育研究所

8 沖縄県保健福祉部「概要版沖縄県ひとり親世帯等実態調査」２０１４年３月 http://www.pref.okinawa.jp/site/kodomo/shonenkodomo/documents/h25zittaityousa.pdf ２０１５年９月現在

9 都道府県別統計とランキングで見る県民性 正社員数 http://todo-ran.com/t/kiji/15764 ２０１５年９月現在

10 沖縄県の待機児童数、待機児童率については、厚生労働省保育課の調べをもとに下記のＨＰを参考にした。厚生労働省 平成26年 保育所待機児童数（２０１５年３月20日発表）

http://www.mhlw.go.jp/file/04-Houdouhappyou-11907000-Koyoukintoujidoukateikyoku-Hoikuka/0000078425.pdf　２０１５年9月現在

11 Gacom 学校教育情報サイト　http://www.gaccom.jp/ranking/　２０１５年9月現在

12 伊集唯行「沖縄の認可外保育園（施設）の現状と課題」浅井春夫・吉葉研司編『沖縄の保育・子育て問題』（明石書店、２０１４年）p.49

13 この元をたどれば、１９８０年代以降にはじまる「臨調・行政改革」が日本の社会福祉・社会保障制度の予算削減と民営化の始まりといえるが、公的枠組みを産業化することを公約として解散総選挙を行ったという歴史的意味で保育の貧困化に小泉構造改革が及ぼした影響は大きい。

14 福祉の用語で用いられる「サービス」という概念は、北欧で用いられるそれとは異なり、日本では貨幣交換（取引）可能な「商品」として用いられる。北欧などの社会福祉国家で用いられる「サービス」と、公的枠組みから産業的枠組みへの移行をねらいとした日本の「サービス」概念との違いについて、ていねいな検討が必要ではないだろうか。

15 伊集唯行、前掲書、p.48の表データより。

16 伊集唯行、前掲書、p.51

17 屋良朝輝「取材から見えてきた保育現場の課題」浅井春夫・吉葉研司編『沖縄の保育・子育て問題』明石書店、２０１４年

２０１２年「賃金構造基本調査」厚生労働省より

18　２０１６年1月5日『沖縄タイムス』の1面および27面より

19　２０１６年2月18日『毎日新聞』配信情報より
http://mainichi.jp/articles/20160218/k00/00m/040/108000c　２０１６年2月18日現在

「貧しい保育」のなかで生きる子ども・親・保育者

保育事故の裁判を通して子どもの人権と保育について考える

ジャーナリスト
猪熊弘子

1 後を絶たない保育事故 ● 貧しい保育の蔓延

1980年代ベビーホテル事件

劣悪な保育施設の実態と、預けられている子どもたちの悲惨な状況がいわゆる「ベビーホテル問題」として大きく報道され、日本社会に知れ渡ることとなったのは1980年代のことでした。当時、報道や国会での追及などにより悲惨な保育の実態が社会問題化したことで、1983年に児童福祉法が改正され、それまで一切の規制がなかったベビーホテルを含む認可外保育施設にも、行政などによる立ち入り調査が認められるようになりました。

しかし、残念なことに、その後も現在に至るまで、劣悪な保育施設での死亡事故は後を絶ちません。

2001年には東京・池袋の「ちびっこ園池袋西」で生後4か月の男児の死亡事故が起きました。4か月児と同じベッドに寝かされていた別の8か月児が寝返りを打ち、被害児の上に覆いかぶさって窒息したのです。当時全国にチェーン展開されていた「ちびっこ園」全園で20年間に実に20人の子どもが死亡していたことが、裁判を通してわかりました（猪熊 2004）。最近では、2014年3月に埼玉県富士見市のマンションの一室でネットを通じて預けた横浜の2歳の男児が死亡して発見された「ベビーシッター事件」のほか、同年7月には宇都宮市の託児所「トイズ」で9か月の女児が熱中症で死亡し、翌2015年になってから経営者親子が園児への虐待容疑で逮捕されたことは記憶に新しいことでしょう。

一般的に「ベビーホテル」という言葉は、宿泊を含む24時間保育を行う完全な認可外保育施設といった意味で使われています。[1] 2014年8月に厚生労働省が発表したデータによれば、2013年3月31日現在、全国にベビーホテルは1818か所あり、3万4511人の子どもが利用しています。また、ベビーホテルを含む認可外保育施設は全国に7834か所あり、20万7221人の子どもが利用しています。[2] 待機児童が多くて希望する認可保育所に入れない、保護者が夜間や宿直勤務のため、認可保育所の開園時間内では保育できないなど、さまざまな理由から、今もベビーホテルを含む認可外保育施設には一定の需要があります。

放置される劣悪な保育施設

これまで、劣悪な認可外保育施設についての告発記事を書くと必ず、利用者や経営者から、「認可外保育施設だけが悪いわけではない」という批判を受けてきました。確かに良心的な認可外保育所も多いのですが、実際に認可保育所と認可外保育所とを比べれば、死亡事故が起きているのは認可外保育施設の方が圧倒的に多いことは事実です。[3] 厚生労働省の報告書では、２００４年から２０１４年までの11年間に、わかっているだけで１６３人の子どもが死亡していることが報告され、そのうち認可外保育施設で亡くなった子どもは１１３名、認可保育所で亡くなった子どもは50名となっています。認可保育所には認可外保育施設の約10倍の利用者がいますが、認可外保育所で亡くなった子どもの人数は、認可保育所の2倍近くになります。さらに制度の問題として、認可保育所での死亡事故については第三者委員会が設置されて事故原因の究明が行われたり、スポーツ振興センターやその他の賠償が行われたりするのに対し、認可外保育施設での死亡では公的機関による原因究明や賠償は一切行われません。同じ子どもなのに、亡くなった施設の種類によって、命の扱われ方や保障金額に格差が付けられているのです。

２０１５年４月に導入された「子ども・子育て支援新制度」により、従来の認可外保育施設や保育ママが「地域型保育」という自治体の認可施設になることができるようになったのですが、行政から何度も指導を受けている劣悪な認可外保育所ほど新制度には入っておらず、放置されているに近い状態です。さらに、新制度の施行と同時に保育事故の報告義務化もスタートしたことは大きな前進ではありますが、「義務」といっても法的な拘束力はなく、ただの「お願い」状態での実施に過ぎません。

筆者は、前出の２００１年に起きた「ちびっこ園池袋西」での死亡事件以来、15年以上にわたり、保育事故についての取材をしていきました。近年、特に待機児童解消のためにと急ピッチで保育施設が作られるなかで、認可、認可外を問わず劣悪な保育施設が増え、子どもたちが日々危険にさらされていることを痛感しています。まさに「貧しい保育」が蔓延《まんえん》しつつあるのです。

本稿では主に、認可外保育施設での保育事故の事例や裁判を通し、「貧しい保育」に翻弄される子ども、親、そして保育者の姿から問題提起をしていきます。

2 無資格者による死亡事故裁判●死因不詳・迫られる和解

2015年8月3日、東京地方裁判所の法廷で、ある裁判が行われていました。2011年12月22日に千葉県T市で、また、2012年12月28日に群馬県O市で、児童福祉法に違反して無届けで営業していた認可外保育施設において、ともに生後4か月の女児が亡くなった事件の裁判です。二つの施設はいずれも、保育士に似せた、「民間資格」を認定するNPO法人の研修を受け、その「資格」を取ったことを看板に掲げて営業していた無届けの認可外保育施設でした。

確かめられない「うつぶせ寝」

2011年12月22日、千葉県T市の認可外保育施設で4か月の次女を亡くした母親のAさんは法廷で、「(その民間資格は) しっかりした『資格』だと被告から聞き、保険にも入っていると聞いたので子どもを預けたんです」と述べました。次女は数日前には少し風邪気味ではあったものの、当日には熱はなく、いつものとおり施設に預けたのですが、お昼頃に呼吸をしていないところを発見され、救急車で病院に運ばれた後、死亡が確認されました。保育をしていたのはYとその夫のXの２人の被告で、Ａさんは職場で連絡を受けてかけつけた病院で次女の死亡を知りました。「被告のXは病院で私の顔を見るなり『お母さん、ごめんなさい。うつぶせにしました』と言っていたんです。父と姉と主人もその言葉を聞いています」と法廷で述べたＡさん。Xは警察でも「ぐずって泣き出した赤ちゃんをうつぶせにした」と陳述していました。ところが、Xはその後「うつぶせ寝」を否定し、Yも強く「うつぶせ寝」を否定したうえで「ＳＩＤＳ（乳幼児突然死症候群）ではないか、病死ではないか」と主張するようになりました。司法解剖の結果、次女の死因は「不詳」となったことから、刑事事件でも不起訴となり、「うつぶせ寝」の事実があったかどうかを争うことができなくなってしまいました。

とはいえ、本来、この施設で同時に預かることができる子どもの定員数は５人のはずなのに、その日は６人以上、最大９人の子どもを預かっていました。また、昼間に保育をしているにもかかわらず、Yは週に３日、夜８～12時くらいまで飲食店で働くというダブルワークをしていたことも明らかになりました。「うつぶせ寝だったら保育室の責任になると思ったのでは?」という原告側弁護士の尋問に、Y被告は唇をかみしめて無言のまま答えようとしませんでした。

和解を迫られる被害保護者

２０１２年12月28日、群馬県Ｏ市の施設で４か月の長女を亡くした母親のＢさんは美容師で、飲食店で働く女性のヘアメイクの仕事をしており、夜8時頃に長女を保育施設に預けに行きました。預けたのはその日が2度目でした。飲食店で「料金も安いし、よくみてくれるから」と勧められた託児所で、そこ以外に預け先の選択肢はありませんでした。仕事が終わった後、深夜12時半過ぎにお迎えに行ったときのことをBさんは法廷で次のように証言しました。

「お迎えに行くと、娘は持って行ったブランケットにくるまれて抱っこされて連れて来られたんです。ヘンだと思いました。手足はだらんと伸びきっていて、ブランケットにくるまれているんだから、当然、娘の体は温かいはずなのに冷たくて……。一目見て、あきらかに娘は亡くなっていることが飲み込めました。（被告の）Zさんが心臓マッサージをしている間に、私が救急車を呼んだんです」

事故後にBさんに取材した話では、お迎えに行ったとき、ブランケットに包まれたまま渡された長女は、死斑が出て死後硬直が始まっている状態だったそうです。そのため、すでに血液も固まっていて、採取できなかったそうです。病院のカルテを開示したところ、死後3〜4時間経っていることがわかりました。事件性があるということから司法解剖しましたが、血液が採取できなかったことなどから「死因不詳」となってしまいました。

「お通夜のときには（被告から）お線香をあげさせてほしいと言われました。やってきた被告に『（子どもを）放置していたの?』と聞くと『していました』と土下座しました」とBさんは言います。しかし、その後、被告の証言は変わりました。うつぶせや放置はしていない、と言い始めたのです。Bさんは「不信感でいっぱい。被告にはほんとうのことを話してほしい」と最後まで訴え続けていましたが、14

人もの子どもをZ被告が1人で見ていた状況では、事実がどうだったのか証言できる人は他におらず、そのために被告側の責任を立証できないという皮肉な結果となったのです。

結局、これらの二つの事件はいずれも裁判所を通して「和解」を勧められました。保護者は「なぜ子どもが亡くなったのか」を知りたくて裁判を起こしているというのに、子どもを亡くしたうえに、その原因も解明されず、和解を受け入れなければならないのです。これほど悔しいことはないでしょう。

高額の受講料を取って「民間資格」を与えたうえに、その名称を刷り込んだ名刺や看板を使わせていたNPO法人にも事故の責任があると、遺族は訴えていましたが、裁判所からは和解を勧められました。T市の保育施設のY被告の証言では、NPO法人には1人20万円程度、夫婦2人合わせて約40万円程度の「会費」を支払ったとも証言しました。NPO法人のサイトを見ると、自宅での保育を行う「会員」になると、法人の名前が入った名刺や看板を提供したり、保険や自治体への届け出など安全面のアドバイスもする、と書かれています。ところが実際には、この二つの施設はいずれも自治体へは無届けで営業されていました。そのことに関してNPO法人の代表者は、「運営をサポートしているだけ」と弁明していました。

3 保育貧困ビジネス●お金と引き換えの民間資格

そもそも、この「民間資格」に使われている用語は、「ベビーシッター」などと同じく職業を表す言葉であることから、商標登録することができません。法人のサイトのなかには、その用語が使われているイギリスのある団体と関係があるかのような表示がありました。確かに、かつてその団体はイギリスに存在していましたが、現在は存在していません。裁判のなかでも代表者は「現在は改組して別団体になっている」と証言していました。つまり、その事実を知っているにもかかわらず、サイトの表記を一切更新していなかったのです。

筆者はすでに、２０１４年の段階でこの虚偽の記載に気づいていたため、２０１４年12月下旬にこのＮＰＯ法人の本部に何度も取材依頼の電話をしましたが、担当者が不在であるとして取材を拒否され続けました。また、そのときの電話に出た「現場の責任者」だという男性に「そちらはOfsted《オフステッド》（イギリスの教育監査庁）に認められている団体なのか」とたずねたところ、返ってきたのは「Ofsted？ すみません、それは何ですか？」という答えでした。保育士の資格がない人でも１人あたり10数万～40万円もの受講料でこの「民間資格」を付与され、子どもを預かる仕事ができると謳《うた》うのは、保育士不足や待機児童の多さなど、「保育」の現状を悪用した一種の貧困ビジネスではないでしょうか。

現在、特に０～２歳までの子どもの保育を行うことができる国の資格は「保育士」しかありません。お金と引き換えに誰にでも付与される「民間資格」が「保育士」であるかのように記載されていることに対し、国が何らかの規制を行うことが急務です。今後、子育て支援員など、「保育士ではない資格者」による事故が起きる可能性もあります。国では「資格」のあり方を緩和させる傾向にありますが、それがまた新たな事故を生まないよう、同時に厳しいチェックが必要なのではないでしょうか。

4 預かる側の貧困から生まれる「貧しい保育」●くり返される犠牲

見えてきた「預かる側の貧困」

前述の二つの事件の裁判での証言から垣間見えてきたことがあります。それは「子どもを預かる側の貧困」です。T市のY被告は、保育施設として自宅の1階を使って保育を行っていました。しかし、そこはY家の生活スペースでもあり、「保育室兼リビング」として生活と保育がいっしょくたになっている場所でした。散らかった室内のテレビの前に置かれたソファに座った夫のX被告が、その前に布団を敷いて子どもを寝かせるようなことが行われていました。また、Y被告は、昼間は子どもを預かるほか、週に3日は夜も飲食店で働いており、経済的に逼迫《ひっぱく》していたことが容易に想像できます。Y被告が夜も働いているために、当初は保育補助員であった夫のXが保育をするようになったというのです。もちろん、2人とも保育士の資格はもっていません。24時間保育で年中無休という看板を出していては、自分たちが休みたいときに休むこともなかなかできないものです。「子どもの数が少ないときには休むことができた」とYは証言しましたが、生活スペースでもある自宅で年中子どもを、時には定員以上の人数の子どもを預かるのはたいへんなことです。それでも「子どもを預かること」は即、収入につながります。夫が他に仕事をしていない状況であれば「子どもを預かること」は、まさに彼らの「仕事」であり、辞めるという選択はなかったのでしょう。

一方、O市の保育施設では、1回あたり2000円という格安の保育料で子どもを預かっていました。被害児の母親のBさんは「預かる子どもの人数は6～7人」と聞いていましたが、実際に事故のあった日には14人もの子どもを1人の無資格者がみている状況だったことが後でわかりました。「その金額なら預けられる人」と、「その金額でも預かる人」の需要と供給がマッチした結果だったのです。「街中の飲食店に勤める人のほとんどが、そこに子どもを預けている。そこがなければ生活できない人が多い」とBさんは言っていました。

徹底的なコスト管理

かつて、2001年に取材した「ちびっこ園池袋西」の裁判を傍聴したときに聞いた話が、私の脳裏に蘇りました。「ちびっこ園池袋西」では、徹底的なコスト管理が行われていました。保育士の時給は初任給で820円。保育所運営費のなかでの人件費に当たる「労務費」は、わずか31％に抑えられていました。[4]本部では「増収三悪」というスローガンをかかげて、その一番目に「入園拒否」を明記。そのスローガンを書いた紙をラミネート処理して各保育施設に配布し、保育者の見える位置に貼っていたほか、入園拒否厳禁を徹底するために、施設ごとの定員も設定していませんでした。

また、たとえ子どもの数が多くても本部に黙って入園拒否をすることは許されていませんでした。園の「売り上げ」が減るからです。赤字の園に対して、本部は「子どもを増やしなさい」と言っていました（猪熊 2004：18）。そして、事故当時34人いた子どもに対して5人の保育士が必要だったにもかかわらず、配置していたのは4人で、しかも発表会の練習のために普通の保育が手薄になっていました。そのため呼吸チェックをすることもなく、2人の赤ちゃんを同じベッドに寝かせたまま1時間も放置していたのです。事故が起きたのは必然的で、構造的な問題を抱えていました。園の収入を確保することを最優先した結果、子どもの安全が軽んじられたのです。

2014年「ベビーシッター事件」

同じように「預かる側の貧困」が浮き彫りにされたのは、2014年3月17日に埼玉県富士見市で起きたいわゆる「ベビーシッター事件」でしょう。2歳男児の殺人罪で逮捕、起訴された男は、報道によれば中学を卒業してから調理師の資格を取るなどしたものの、仕事は長続きせず転々としていたといいます。日本の「学歴社会」からこぼれ落ちてしまった人物です。母親が子どもを預かる仕事を始めたのをきっかけに自分も子どもを預かる仕事に関わり始め、週に1度、フランチャイズチェーンの認可外保育所で保育補助のアルバイトをしていました。その認可外保育所に取材したところ、園長からは「最低賃金は払っていた」と聞きました。神奈川県の最低賃金は当時868円ですから、月4回働いてもわずか2万8000円程度にしかなりません。とはいえ、保育士の資格を取ろうとしても、中卒の学歴だけではすぐには保育士試験を受けることすらできません。インターネットで男が提示していた託児の料金は1時間1000円でしたが、男が殺したとされる2歳の男児と、その弟で無事だった8か月の男児は、1晩4000円という格安の値段で預かられていました。小児性愛の傾向があるうえに「子どもを預かることがお金になる」とわかった男にとっては、インターネットを通して子どもを預かることは生きる手段だったのでしょう（猪熊 ２０１４）。

保育士の税込み給与の平均は、全職種の平均より１００万円以上安いというデータがあります[5]。男女別では、女性保育士の税込み給与平均は全職種平均より50万円程度安いのですが、男性保育士では全職種平均よりも１４０万円程度低いものとなっています。もともと保育は女性の仕事であったというジェンダーの問題も、保育士の低賃金の問題には大きく関わっています。

資格をもっている保育士でさえ低賃金なのですから、資格のない人が保育の仕事をすればさらに収入が低くなるのは当然のことです。権威づけになりそうな民間資格を取得するためにお金を使い、家を保育施設に改装してお金を使って保育ビジネスを始めても、すぐにはお金を稼ぐことはできず、ますます赤字が増えるばかりです。実際、前述の裁判で、T市の施設の経営者Yは「オープンしてすぐに来客はなく、月極の人が出てきたのは半年くらいしてやっとでした」と証言していました。そういった状況のなかである程度の収入を得ようとすれば、必然的に子どもの安全が置き去りにされます。貧しく劣悪な施設が野放しにされた挙げ句に事故がくり返され、毎年、何の罪もない子どもたちが犠牲になり続けているのです。

子どもの生きる権利の侵害

たとえば、イギリスでは、そもそも「認可外」という施設がありません。家で子どもを預かるベビーシッター（チャイルドマインダー）なら1日2時間以上、保育施設であれば1日4時間以上子どもを預かる場合には、人も施設もすべてOfstedに登録しなければなりません。登録していない人が子どもを預かれば犯罪になります。

日本では認可外の劣悪な貧しい保育施設が野放し状態で、何の規制も行われていません。待機児童が多く、預ける場所がなかなか確保できないなかで、これでは子どもたちは安心して生きる権利を侵害されているに等しいのではないでしょうか。

5 「虐待」と「事故」の区別●まずは虐待を疑う

毎年20人もの子どもが死亡

厚生労働省から毎年発表される「保育施設における事故報告」では、子どもの死亡原因や状況にかかわらず、とにかく保育施設で「死亡した子ども」と「治療に30日以上かかる重篤なケガをした子ども」の数が発表されます。新制度導入後、事故報告が名目上「義務化」されたことについては前述しましたが、そのデータは子どもが死亡した施設から都道府県を通して厚生労働省に集められたものであり、内容を検証して発表しているわけではありません。

死亡する子どもの人数は、毎年20人程度にも上ります。保育施設で子どもを亡くした保護者や弁護士などによってつくられた「赤ちゃんの急死を考える会」（ＩＳＡ）には、毎年、子どもを亡くした保護者からの相談が相次ぎますが、そういった保護者からの訴えや情報公開請求によって調査した結果、死亡した子どものなかには毎年、「虐待」ではないかと思われる事例も含まれていることがわかっています。

たとえば、２０１０年に福島県郡山市の認可外施設で起きた死亡事故では、当初、解剖も行わないまま、担当医が死亡報告書に「ＳＩＤＳ」と記載したため、病死として処理されてしまいました。遺族は「業務上過失致死罪」で刑事告訴をしましたが、死因が特定できず、保育士の過失も特定できないことを理由に3度にわたり不起訴となりました。ところが、遺族が保育の状況について詳しく調べたところ、実は担当の保育士が泣きやまない女児をうつぶせに寝かせ、大人用の厚手のマイヤー毛布を四つ折りにしたものを頭からすっぽりかぶせ、さらにその上に円筒形の約1キロもの重さの枕を二つ置いて、そのまま放置したことがわかりました。赤ちゃんをうつぶせ寝に寝かせることだけでも赤ちゃんが窒息する危険性があるのに、さらに上から重しを乗せるなどということがあっていいわけがありません。これは保育者による虐待殺人？です。

また、この被告は過去に2人の死亡事故を起こしており、今回が3度めであることもわかりました。刑事訴訟では原告が敗訴したものの、損害賠償請求を求めた民事訴訟では、２０１５年3月に福島地裁で勝訴、また被告側の控訴を受けた２０１５年12月の仙台高裁判決でも勝訴しました。経営者は自己破産して賠償金から逃れていることも発覚しました。女児が亡くなってから、遺族や弁護士が必死に証拠を集めて裁判を起こし、逆転勝訴の判決を得るまでに実に5年もの歳月がかかっています。

しかし、２０１４年9月「保護責任者遺棄致死罪」で改めて行った刑事告訴については、死因が特定できないということで不起訴となりました。民事裁判の場で劣悪であるとその責任を認められた保育者や経営者が、刑事事件では不起訴になるという矛盾が保育事故ではよくあるのです。

問われる行政の対応

最近では、2014年7月26日に宇都宮市の託児所「トイズ」で生後9か月の女児が熱中症で死亡した「事故」がありました。当初、施設側の報告では「ミルクを4時間おきに与え、下痢症状なので脱水症状にならないように授乳と授乳の間に白湯を与えていた」とあり、特に施設側の落ち度はないように見受けられました（小山 2015：21）。ところが、亡くなった女児の頭部には打撲痕がありました。保育者による虐待を疑った保護者がブログを開設して情報を求めたところ、0～1歳の赤ちゃんを毛布と紐《ひも》でしばり、床に転がしているようすや爪をはがされた指などの証拠写真が、元保育者や保護者などから提供されたのです。過去にもこの施設での虐待を疑う通報は宇都宮市に寄せられていましたが、市では立ち入り調査の前に施設に事前通告を行ったため、女児が亡くなるまで実態を把握することができなかったのです。本来、抜き打ち調査も認められているにもかかわらず、わざわざ事前通告を行った市の監督も杜撰《ずさん》で責任を問われるべきです。

ほかにも、「うつぶせ寝にして上から布団をかけたり、重しを置いたりする」「ベビーラックなどに入れて押し入れに入れる」「うつぶせ寝にさせてその場を離れ、スポーツクラブに行っていた」等々、保育者による虐待と言える死亡事例が多数存在します。ＩＳＡに寄せられた相談のなかには、認可保育所での虐待事例も多くあります。「0歳児をうつぶせ寝にして頭から毛布を覆い被せて放置し、泣き止まないと後頭部を叩きつけ、口に哺乳瓶を突っ込んだまま無人にする」「2歳児が騒ぐからと静かにさせるために口に粘着テープをはる」「5歳児を園庭に放り投げ、頭蓋骨骨折の重症を負わせる」「5歳児が食べ物を吐いたことにかっとなり、ステンレス製の水筒で殴る」などです（小山 2015：19―20）。保育士不足が深刻で、認可保育所の採用現場では「どんな人でも、保育士の資格さえもっていたら即採用するような状態」（ある私立認可保育園の主任）なのです。子どもへの愛情のかけらも感じられないどころか、明らかに子どもに接するべきではない人間が、認可、認可外を問わず入り込んできているのです。

こういった「虐待」による死亡も、毎年、厚労省では「事故」のなかに含めて発表しています。ほんとうに避けられずに起きた「事故」と、明らかに悪意をもって子どもに接していることで起きた「虐待」とは区別するべきです。事故直後には「虐待」かどうかわからないのですが、まずは「虐待」を疑い、「虐待」への対応と同じ手順で調査をするべきなのです。

6 親への情報開示の必要性

親には保育施設を選べない

待機児童が多い地域では特に、親たちは認可、認可外を問わず、必死で保育施設を探さなければなりません。そういった地域では、認可保育施設を親が「選ぶ」ということは、制度上、ほぼできません。

事故には至らないものの、いつ事故が起こるかわからないほど劣悪な状態だとわかった場合も問題です。その施設を退園して別の施設に移りたくても、待機児童が多いため、「一度やめてしまうと二度と認可には入れないから」という理由でがまんし続けているという親たちの話も聞きます。たび重なる事故まがいの出来事から不信感がぬぐえず、耐えきれずに仕事を辞めた親の話も聞きます。

「虐待」や「適切ではない保育」について、親からの訴えや情報をきちんと受けとめ、事実を調査したうえで判断し、対応を行う第三者的な機関を設ける必要があるのではないでしょうか。

保護者に届かない事故の情報

さらに根深い問題は、事故の情報が保護者にはまったく伝わらないことです。前述の郡山の認可外保育施設以外にも、過去に複数の死亡事故を起こしていたにもかかわらず、何ら責任を問われることなく保育を続け、新たな事故を起こしていた認可外保育施設もあります。事故を起こした経営者が、その保育施設をクローズしたうえで、施設の名前を変えて別の場所で保育を再開し、また事故を起こす例もあります。そういった「リピーター」が排除されずに放置され、親はもちろん、行政にも正確な情報が伝わりません。過去に保育施設で起きた事故についてパソコンで検索しようとしても、検索エンジンにかからない場合も多くあります。検索エンジンに引っかからないように削除依頼する業務を請け負う企業まであります。事実、前出のT市、O市の認可外施設での2件の事故に関しては、すでに検索エンジンにはかからなくなっています。認可保育施設でも、同じように検索エンジンに引っかからないように削除している法人もあります。

特に認可外保育所については、保護者が自己責任で選ばなければなりません。なかには行政が施設のリストなどを紹介する場合もありますが、最終的に選ぶのは保護者です。また、行政が紹介したリストのなかにあった施設だったにもかかわらず、劣悪で、子どもが死亡していた場合もありました。

親に開示されるイギリスの保育施設監査

前述のとおり、イギリスでは認可、認可外といった区別はなく、施設型であれば1日4時間以上、チャイルドマインダーであれば1日2時間以上の保育を行う人はすべて「登録」する義務があり、登録せずに保育を行った場合は罪に問われます。そのうえで、Ofsted がデイケアやナーサリーなどの保育施設、あるいは個人のチャイルドマインダーに対して監査を行い、不適格な施設や個人は強制的に閉鎖させられます。また、Ofsted の監査内容についてはすべて親が知ることができるよう情報開示されています。親はその情報を見て、保育施設を選んでいます。それでも事故は多く、日本よりも多くの子どもが事故にあっているのがイギリスの現状です。

日本でも、今後さらなる市場化が進み、直接契約の保育施設が増えてくれば、イギリス同様、子どもに関わるすべての保育者・経営者の登録と、情報把握・情報公開が必須になるでしょう。そうでなければ子どもの命は守れなくなります。

7 豊かな保育を進めるために

広がる保育の格差

子どもの貧困への世の中の危機感の高まりに後押しされる形で、「子どもの貧困対策を推進する法律」が制定され、２０１４年1月17日に施行されました。その「第一条」にはこのように書かれています。

（目的）第一条 この法律は、子どもの将来がその生まれ育った環境によって左右されることのないよう、貧困の状況にある子どもが健やかに育成される環境を整備するとともに、教育の機会均等を図るため、子どもの貧困対策に関し、基本理念を定め、国等の責務を明らかにし、及び子どもの貧困対策の基本となる事項を定めることにより、子どもの貧困対策を総合的に推進することを目的とする。

しかし、これまで書いてきたように、現在、日本国内の保育には非常に大きな格差が生じています。質の良い保育を受けられる子と貧しい保育しか受けられない子どもの格差は明らかに生じており、「子どもの将来がその生まれ育った環境によって左右されることのないよう」というこの法律の目的を達成するには、まだまだほど遠い状態であるといえるでしょう。「教育の機会均等」という観点からも、現状の保育のあり方は「均等」とは言いがたい状況です。

問われる保育の質

近年、「保育の質」という言葉が頻繁に語られるようになりました。「保育の質」には「プロセスの質」「構造（条件）の質」「労働環境の質」という三つの「質」があるとされていますが（大宮 2006）、保育事故が起こるような施設では、そのいずれの「質」も低い場合が多いことは、本稿で示してきたとおりです。

たとえば、保育所最低基準よりもはるかに大勢の子どもを少ない保育者で保育していて人員配置に問題がある施設や、そもそも資格者がいない施設は「構造（条件）の質」が低いことになりますし、長時間労働で給与も低い施設は「労働環境の質」が低いことになります。そしてそれら二つの質が悪い施設では必ず、子どもに対する言葉がけや接し方などの保育実践そのもの、すなわち「プロセスの質」も低くなります。誰もが「質」の高い保育を受けられるようにするために考えなければならないことはたくさんあります。

2011年2月、さいたま市の保育室で長女の美月ちゃんを亡くした阿部一美さんは、「子どもが亡くなっているという事実があまりにも軽く扱われすぎると思う」と言います。美月ちゃんはその年の4月からさいたま市内の認可保育所に入所することが決まっていました。美月ちゃんが亡くなった後に生まれた長男は、1歳になった年の4月にさいたま市内の認可保育所に入所することができました。しばらくして一美さんはひどく落ち込んでいました。それは長男を認可保育所に預けて初めて、長男の行っている認可保育所と、亡くなった美月ちゃんを預けていた保育室の施設や保育の中身の差を知ったからです。「なぜ美月をこんなすばらしい認可保育所で過ごさせてあげることができなかったんだろう」と、涙ながらに一美さんが言った言葉が今も忘れられません。

これ以上子どもの未来が失われないよう

子どもを亡くすということは、人間にとってもっとも耐えがたい、この世でもっともつらく悲しい出来事です。そして、それが保育施設で起きた場合、親は自らがその施設を選び、預けたことを後悔し、一生涯その選択を悔やむことになります。特に認可外保育施設で亡くなった子どもは、刑事裁判でも不起訴になったり、民事裁判でも負けることが多く、さらに金銭的な賠償もきちんと行われません。ひどい言葉かもしれませんが、これでは「死に損」だと激しい憤りを感じることが何度もありました。事故が報道されると「そんな劣悪な施設に預けた保護者が悪い」という中傷の言葉がネット上にあふれます。母親が子どもを育てながら働きたいというごくあたりまえのささやかな夢が、「預けた母親が悪い」という言葉で踏みにじられていくのです。保護者は子どもを失っただけでなく、そういった心ない言葉や報道、施設側の発言や態度に傷つけられ、追い詰められていきます。

なかには事故をきっかけに離婚したり、失踪したり、裁判資金が払えなくて借金を負ったり、子どもの死亡によって家族が引き裂かれている現状もあります。亡くなった子どもの人権も遺族の人権も守られていないと感じることが多くあります。傷つき、生きる目的を失った遺族の言葉はとても重いものです。信頼関係を築いてからでなければその本心を聞くことはできないし、時には寄り添う立場の者も傷つくことがあります。それでも、これ以上同じつらさを味わう人が出ないように、子どもの大切な未来が失われないようにと心から願うのです。時に「ネガティブ」と批判されることがあっても「貧しい保育」の現状を訴え続ける意味はそこにあります。

「貧しい保育」は、確実に子どもたちの未来に悪い影響を与えます。子どもの人権と育ちを守るという観点からも、日本のすべての子どもたちが愛情あふれる「豊かな保育」を受けられるようにしていくことを、私たちは立場や状況の違いを乗り越えて、みんなで推し進めていく必要があるのです。

● 注

1 東京都福祉健康局では、都や市区町村から認可されておらず、事業所内・院内保育所にも区分されない認可外保育施設のうち、①午後7時以降の保育を行っているもの、②児童の宿泊を伴う保育を行っているもの、③時間単位での児童の預かりを行っているもの、の3項目のいずれかに相当するものを「ベビーホテル」と定義して区分している。東京都福祉保健局「認可外保育施設（ベビーホテル・その他）一覧の公開と利用する際の留意点」参照。
http://www.fukushihoken.metro.tokyo.jp/kodomo/hoiku/ninkagai/babyichiran_koukai.html

2 厚生労働省「平成24年度 認可外保育施設の現況取りまとめ――施設、入所児童数ともに増加、ベビーホテルの数は減少」 http://www.mhlw.go.jp/stf/houdou/0000053289.html

3 設置数、利用者数と死亡事故の件数とで比較した場合、認可外保育所の死亡事故発生率は認可保育所の45倍にもなる。

4 日本保育協会青年部の調査では、認可保育所での運営費の全国平均は約70％。

5 厚生労働省「賃金構造基本統計調査」（平成24年）による。

http://www.mhlw.go.jp/file/06-Seisakujouhou-11600000-Shokugyouanteikyoku/0000057759.pdf

●引用参考文献

猪熊弘子（２００４）『保育がビジネスになったとき』ちいさいなかま社

猪熊弘子（２０１４）「『貧困』のなかの保育」『保育白書２０１４』全国保育団体連絡会・保育研究所編、ひとなる書房、PP．１５８－１６３

埋橋玲子（２００７）『チャイルド・ケア・チャレンジ―イギリスからの教訓』法律文化社

小山義夫（２０１５）「保育施設における子どもの死亡事故」『保育白書２０１５』全国保育団体連絡会・保育研究所編、ひとなる書房、PP．19－22

大宮勇雄（２００６）『保育の質を高める21世紀の保育観・保育条件・専門性』ひとなる書房

櫻井慶一編（２００１）『ベビーホテル』至文堂

坂本真由美（２００４）「イギリスにおけるデイケアとチャイルドマインダーの養成――ＬＥＡの取り組みに視点を当てて」『九州龍谷短期大学紀要』50、PP．59－75、２００４－03－12Ｙ

山田敏（２００７）『イギリス就学前教育・保育の研究――連合王国の詳細な実態及び現在進行中の諸改革の実態の考察』風間書房

5

なぜ子育て世帯・母子世帯が貧困に陥るのか

若い世代の雇用・労働と社会保障

法政大学大原社会問題研究所
藤原千沙

1 親を支え子どもを支える ● 保育実践の一助として社会・経済を考える

本章では、保育の現場で出会う子どもの親たちはどういった経済状況におかれているのか、子どもの親世代である若い世帯や母子世帯をとりまく雇用・労働と社会保障の問題を考えます。

なぜ、子どもの親をとりまく問題をとりあげるのでしょうか。それは、子どもを支えるためには、子どもの親たちをも支えることが不可欠だからです。子ども支援や子育て支援の現場では「子ども」の視点が大切だとよく言われます。栄養学や発達心理学など、児童福祉に必要な知識を学べば学ぶほど、私たちは「保育の理想」や「あるべき保育」を描きがちです。たしかに、子どもの発育について科学的なデータで検証すれば、理想的な食事内容や睡眠時間が導き出せるでしょう。しかし、「子ども」も「親」も「保育者」も、社会的な存在です。保育者がいくら理想的な保育をしたくてもそれができない保育環境があるように、親たちがいくら子どもを第一に考えた暮らしをしたくてもそれができない生活環境があります。

そういった子どもの親たちがおかれている状況に思いを寄せることなく、ただ「お子さんを第一に考えてあげてください」と伝えても、子どもの親にとってはつらい言葉でしかありません。「保育の専門家から責められた」と嘆き、「誰にも理解されない」と孤立し、保育所への信頼や安心も失って、子育て不安が高まるかもしれません。子どもの親がそういった状況に陥ることは、子どもにとって好ましい成育環境ではありません。いくら保育者が子どもにとって「望ましいこと」「正しいこと」を保護者に伝えても、保護者である親たちの状況を理解していなければ、そのメッセージは届かないどころか、逆効果をもたらす危険性があるのです。

新自由主義の時代と呼ばれる今日、すべての個人に努力を促し、結果が出なければその個人に原因を求める自己責任論が広がりました。「自己責任」という見方の恐ろしさは、その個人をとりまく生活環境や私たちの社会にひそむ問題構造が不問に付されることです。子どもの貧困と保育の問題を考える場合も同じであり、子どもの親の「自己責任」を問う見方では、社会の構造は変わりません。ですが、私たちは社会的な存在です。個人の選択にみえる行動も、社会的な状況によって影響を受けます。また、周囲の理解や支援によって、個人の行動も変わることができるのであり、社会変革の可能性も広がるのです。

子どもの保護者である、子どもの親たちを支えることは、子どもを支えること、そのものにつながります。では、子どもの親たちを支えるためには、どうしたらいいのでしょうか。まずは、子どもの親たちのおかれている状況を理解すること、そして、子育てを困難にしている状況があれば、その構造や背景を理解し、変革するにはどうすればよいか、ともに考えることです。本章はそのような保育実践の一助として、子どもの親世代である若い世帯や母子世帯がおかれている社会経済的な状況について考えたいと思います。

2 労働市場の変化 ● 雇用社会化と非正規化

就業者の9割が雇用労働者に・女性の6割が非正規に

第2次世界大戦後、私たちの働き方を長期的に眺めると、二つの大きな変化がありました。ひとつは、農業などの自営業で働く人たちが多かった時代から、企業などに雇われて働く人たちが多い時代へと変化したことです。1960年の時点では、就業者のうち雇用労働者として働いていたのは、男性の約6割、女性の約4割にすぎませんでした。それが現在では、男女とも就業者の約9割が雇用労働者となり、企業などに雇われて働く形態が広がりました。[1]

もうひとつの変化は、その雇用労働者のなかでの変化です。かつては正社員・正規職員など「正規」雇用者がほとんどだったのですが、しだいに、パート・アルバイト・臨時・非常勤・嘱託・契約・派遣といった「非正規」雇用者が増えてきました。30年前の1985年時点と現在とを比べると、男性では1割に満たなかった非正規の割合が2割を超えるまでとなり、女性では約3割だった非正規が約6割になるなど過半数を占めるに至りました。[2]

現在、保育者として働く人たちがおかれている労働環境も、このような労働市場の変化と無縁ではありません。川村雅則氏が2010年に北海道の認可保育園に対して行った調査によると、回答のあった316園の保育者5000人あまりのうち正規雇用者は49・3%にすぎず、半数以上の50・7%が非正規雇用者でした。非正規雇用の保育者とはいえ、内訳はフルタイム型31・7％、パートタイム型18・9％、派遣0・1％と、フルタイム勤務の非正規が多数を占め、非正規雇用であっても基幹的な働き手となっています。[3] 垣内国光氏や小尾晴美氏らが２０１３年に東京都の自治体に行った調査でも、回答のあった31自治体の公立保育園の職員数１万６０００人あまりの雇用形態は、正規55・３％、非正規44・７％で、非正規職員は欠かせない存在となっています。職員の非正規比率は、東京都の特別区よりも市町村地域のほうが高く、公立保育園の７割の職員が非正規という自治体もありました。[4]

働き続けられる見通しがもてず、賃金が低い

このような非正規雇用の増加は何をもたらすでしょうか。

非正規雇用の問題は、第一に、労働者にとって働き続けられる見通しが持てないことです。一般的に非正規雇用の３分の２は雇用期間に定めがある有期雇用であり、契約期間を超えて働ける保証がありません。[5] 川村氏の２０１０年調査の保育者アンケートでも、非正規保育者の６割以上が雇い止めに対して不安があると回答しています。垣内・小尾氏らの２０１３年調査でも、すべての自治体が非正規保育者を期限付きで雇用している一方、保育者へのアンケート調査では、９割近い非正規保育者が契約期間終了後も働き続けたいと希望しています。[6]

第二の問題は、正規と比べて賃金が低いことです。たとえ労働時間・労働日数が正規と同じフルタイム勤務であっても、一般に、一か月あたりの給与（所定内給与額）平均は、正規が32万１１００円であ

るのに対して、非正規は20万5100円です。ボーナス（年間賞与その他特別給与額）の差はさらに大きく、正規の平均100万9600円に対して、非正規は21万6600円にすぎません。[7] 保育者の年収は、垣内・小尾氏らの2013年調査によると200万円未満が83・5％、300万円未満が92・3％で、全国的にみて相対的に高い東京都の公立保育園でも年収200万円に達しない保育者が8割以上を占めています。もちろん、非正規保育者のなかには労働時間が短い人もいるため、川村氏の2010年調査で正規と同じフルタイム勤務者に限ってみてみると、フルタイム非正規の年収は、200万円未満は42・2％にとどまるものの、250万円未満では83・2％に達し、フルタイム非正規の多くが200万～250万円の年収水準に集中していることがわかります。一方、同じ川村氏の調査で、正規の保育者で年収250万円未満は1割にすぎません。

このような保育の職場にも広がっている正規・非正規という雇用形態による待遇格差は、今、多くの職場で生じている問題でもあるのです。

3 雇用社会のなかのジェンダー●連動する男女格差と雇用形態格差

いまだほど遠い正規雇用の男女平等

これほど雇用の非正規化が進む以前にも、非正規雇用はありました。しかし「学生アルバイト」「主婦パート」という言葉に代表されるように、その仕事で生活しているわけではないとみなされていました。「嘱託」は定年後の仕事、「非常勤」は本業の仕事を持っている人が追加的に従事する仕事とみなされ、たとえ有期の雇用契約であり低賃金であっても、その労働者が生活するうえでの影響は小さいだろうと考えられてきたのです。

一方、正社員・正規職員については、「終身雇用」という言葉に代表されるように、「新規学卒一括採用」で会社に入って「定年」まで勤め続けることが働き方のモデルとされてきました。学校でまったく仕事の知識を身につけなくても、会社に入ればＯＪＴ（On the Job Training）で教育訓練や実務研修が施され、配置転換や転勤でさまざまな職務を経験することで仕事の知識は広がり、本人の職務遂行能力も高まって、「年功序列」的に昇進・昇格して、賃金も上がっていくものと考えられてきました。

ただ、こういった「日本型雇用慣行」は、正社員すべてに等しく適用されたわけではありません。「結婚退職制」「男女別定年制」という制度があったように、女性は早期に退職するものとされ、たとえ働き続けても男性と同じ教育訓練や幅広い職務を経験する機会には恵まれませんでした。１９８５年に成立した男女雇用機会均等法以降、男女という性別によって明確に労働者の処遇を区別する制度はなくなりましたが、事実上の男女別処遇は残っています。たとえば、かつて「女性職」「男性職」と呼ばれていた男女別の社内コースの違いは、「一般職」「総合職」という「ジェンダーニュートラル」な言葉に変わりました。しかし、均等法成立から30年経過した現在でも、コース別雇用管理を行っている企業で「総合職」に占める女性の割合は９・１％にすぎず、「総合職」の９割以上は今でも男性です。[8]

性別役割分業をベースとした家族モデルと正規・非正規という働き方

つまり、戦後、日本が雇用社会化するなかで徐々につくられてきた正社員という働き方モデルは、男女ともに「新規学卒一括採用」で正社員として入社するものの、女性は早期に退職して男性に経済的に扶養される存在となり、男性は妻と子どもを扶養家族とする、性別役割分業をベースとした家族モデルを同時に形成しました。日本の企業も、男性正社員が経済的に家族を養うことができるよう、賃金のなかで家族手当や住宅手当など労働者の家族生活に対応した付加給付を行うとともに、そのときどきで変わる仕事に対して賃金を支払うのではなく、労働者が長期的に積み重ねていく能力を評価した賃金支払いにすることで、労働者の主体的な能力形成や会社への貢献を期待しました。

残業も厭わず、有給休暇も取得せず、家族生活を顧みずに働く男性正社員像は、男性正社員が妻子を扶養するという家族生活が個別企業によって維持されてきたことの裏返しです。家族を支えるためには家族を顧みずに働くしかないという、一見矛盾した正社員の世界の一方で広がったのが、教育訓練も能力開発も賃金支払いも正社員とはまったく異なる「非正規」という雇用形態でした。非正規雇用者は、景気循環や業務の繁閑によって容易に雇い入れも雇い止めもできない〈長期に育成する正社員〉の代わりに、企業の都合による雇用調整が可能な労働者であることが期待されました。非正規雇用者の賃金は、その労働者が実際に携わる仕事を基準とした支払いであり、法定最低賃金をクリアしさえすれば、当該地域の需要と供給によって決められました。そして、そういった非正規雇用の代表格として、新規学卒後に正社員にはなったものの、早期の退職を余儀なくされ、その後の子育ても一段落した女性たちが大量に雇い入れられました。その仕事に雇用保障はなく、その仕事の賃金だけで生活できる水準ではありませんでしたが、女性は男性に養われる存在とされ、生活には困らない労働者だとみなされました。

非正規で「仕事と家庭が両立できる」か

非正規雇用者は低賃金でも生活には困らないという考え方は、税制や社会保障制度によっても形づくられました。パートの非課税限度額の引き上げ、税制の配偶者特別控除、国民年金の第三号被保険者など1980年代の諸政策は、「主婦パート」は夫の扶養の枠内で働いたほうが有利である構造をつくり出し、非正規雇用者の賃上げ要求の封じ込めに成功しました。企業にとって非正規雇用者は、社会保険料の企業負担なく、賃上げも叫ばず、いつでも雇い止めができる便利な労働力として位置づけられたのです。

しかし、すべての非正規雇用者が、夫や父親といった男性正社員に経済的に扶養されていたわけではありません。最も苦境に立たされたのは、非正規雇用の仕事で子どもを養わなければならない母子世帯の母としての女性労働者です。たとえ10円でも時給を上げてほしいと願う母子世帯の女性労働者の声は、夫の扶養の枠内で働くように誘導された多数の「主婦パート」の存在と、性別役割分業を前提とする諸政策が生み出す企業利益によって、かき消されてきました。つまり、正社員と比べて「低賃金」で雇用継続も「不安定」な非正規雇用の労働問題は、かつてから存在していたにもかかわらず、女性が多数であるかぎりにおいて放置されてきたのです。むしろ非正規雇用は、正社員とは異なる「多様な働き方」「就業形態の多様化」として社会から歓迎され、正社員とは異なる劣悪な労働条件も「仕事と家庭が両立できるのだから良いではないか」とみなされて、正規と非正規の待遇格差は解決すべき社会問題とは位置づけられてきませんでした。

でも、ここで立ち止まって考えてみましょう。「仕事と家庭が両立できる」働き方であることが非正規雇用の良さだというのは、正規雇用は「仕事と家庭が両立できない」働き方であることの裏返しです。しかも、非正規雇用は、労働時間という点では家事・育児・介護といった家族的責任と両立できる働き方だとしても、その賃金で子どもを産み育てる家族生活を営むことは難しく、賃金という点では非正規の仕事と家族的責任は両立できないのです。

このような非正規雇用が男性にも広がり、とりわけ若い世代に広がってきたことが、現在、保育の現場で出会う子どもの親たちの労働環境を深刻にしています。

4 若い世代への影響● 妻の有業化を不可欠にする夫の低賃金化

1990年代後半から拡大した非正規雇用

では、雇用の非正規化と労働市場のジェンダー構造が、若い世代にどのような影響を与えたかをみてみましょう。

図表1は、25～34歳の雇用労働者のうち、非正規として働いている労働者の割合について、1988

図表1● 25〜34歳の雇用労働者（役員を除く）に占める「非正規の職員・従業員」の割合

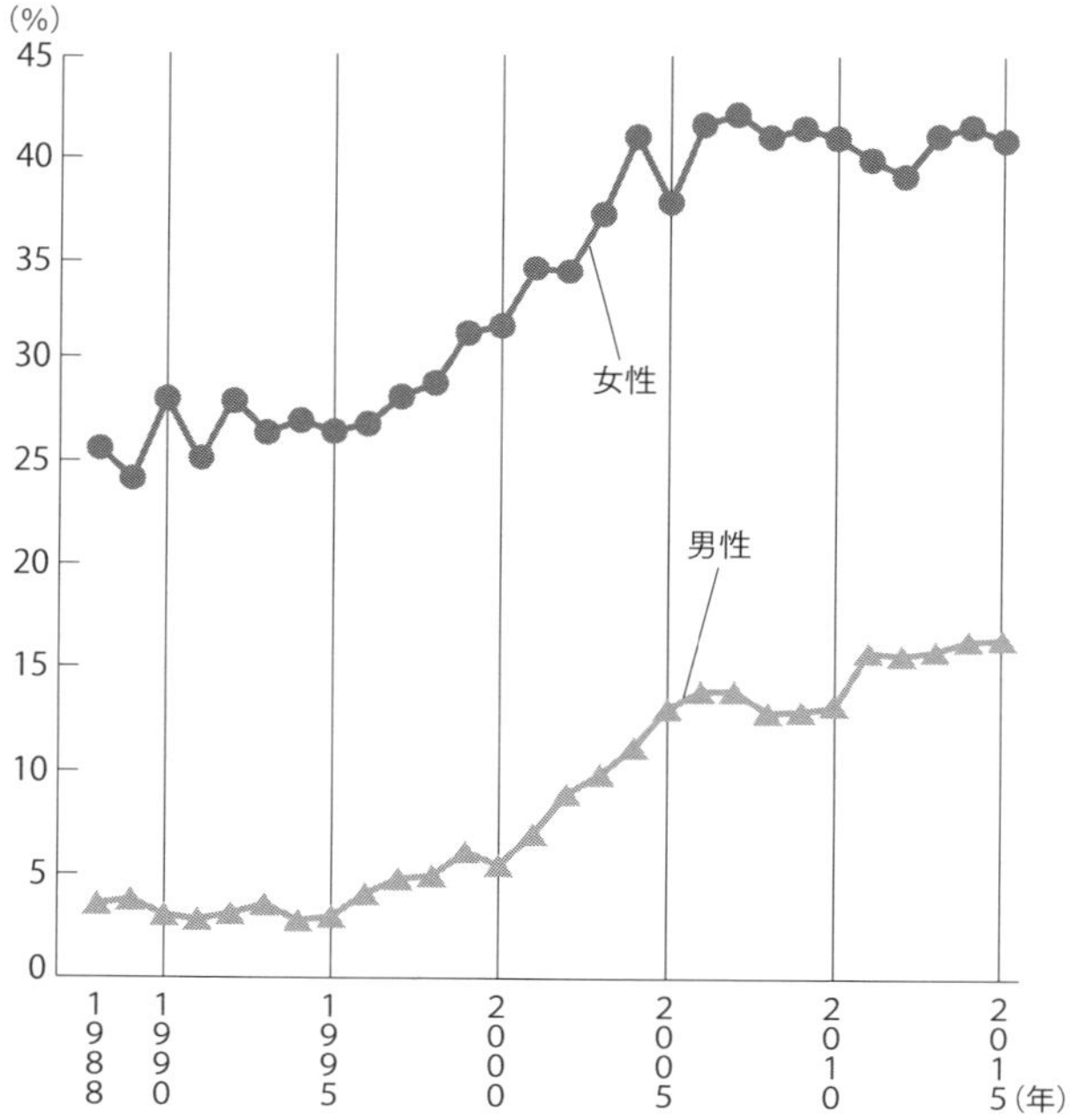

注：1988〜2001年は「労働力調査特別調査」（各年2月）、
2002〜2015年は「労働力調査（詳細集計）」（各年1-3月平均）
出所：総務省統計局「労働力調査（詳細集計）」（e-Stat）より作成

年から2015年まで約30年間の推移をみたものです。女性はもともと非正規割合が男性よりも高く、1988年で25・9％とこの年齢層の女性雇用者の約4分の1を占めていました。それが今日、2015年では41・3％まで拡大し、この年齢層の女性雇用者の4割以上が非正規になりました。男性の非正規割合の増加はいっそう著しく、1988年では3・6%とわずかであった非正規雇用者は、2015年には16・5%と4倍以上に拡大しています。

年次変化を詳細にみると、1990年代の半ばまでは横ばいだった非正規割合は、1990年代の後半から増加しはじめ、2000年代に入って一気に拡大したことがわかります。たとえば、2000年から2006年にかけて、女性の非正規割合は32・0%から42・0%まで10ポイント上昇し、男性は5・7%から14・1%へと2倍以上に膨らみました。その後、現在までの非正規割合は、女性は40%前後で安定的に推移していますが、男性は2010年代に再び拡大しています。2010年に13・3%だった男性の非正規割合は、2015年には16・5%に達するまでに至りました。

初職から非正規雇用者である若者の増加

さらに驚くのは、初職から非正規雇用者である若者の増加です。1987年10月から1992年9月までに雇用者として初職に就いた者で、その初職の雇用形態が非正規だった割合は、男性8・0%、女性18・8%でした。つまり、今から20～30年前に初職に就いた若者では、男性の9割以上、女性でも8割以上は、正社員として職業人生を始めていました。それが2007年10月から2012年9月までに初職に就いた者では、その初職の雇用形態が非正規である割合は男性で29・1%に達し、女性では49・3%とほぼ半数に達しています。[9] つまり、現在においては、男性の3分の1、女性の2分の1は、もはや初職から非正規雇用者としてキャリアをスタートさせており、「日本型雇用慣行」の正社員モデルは、女性に限らず男性にとっても限られた存在になりつつあります。

未婚率の増加・限られる子育ての機会

このような若い世代が直面している労働環境の変化と相まって、結婚しない若者、子どもを持たない若者が増えています。30〜34歳の未婚率は、１９８０年から２０１０年にかけて、女性は９・１％から34・５％へ、男性は21・５％から47・３％へと高まりました[10]。男性は雇用形態による差が大きく、正規雇用者では未婚率は36・１％であるのに対して、非正規雇用者では70・５％と２倍の高さを示します（２０１３年、30〜34歳）[11]。30歳時点で子どもを産んでいない女性の割合は、１９６０年生まれの女性では28・４％でしたが、１９７０年生まれでは47・２％、１９７９年生まれでは53・９％であり、今後もその割合は高まるでしょう[12]。若い世代にとっては、子どもを産み育てること自体が限られた機会になりつつあるのです。

就学前の子どもの父親の低所得化と母親の有業化

では、子どもを持った若者、子どもを育てている人たちは、子どもを養育するのに十分な労働環境におかれているのでしょうか。保育の現場で出会う、就学前の子どものいる親たちに注目してみましょう。

蓑輪明子氏は、総務庁「就業構造基本調査」をもとに１９９７年と２０１２年を比較した結果、就学前の子どものいる父親の所得階層が、かつてより低所得層にシフトしたと指摘しています。たとえば夫婦と子どもから成る世帯のうち、夫の所得が年収400万円未満の世帯の割合は、末子が3歳未満の世帯では3割から4割に、末子が3歳以上5歳未満の世帯では2割から3割へと拡大しました。同時期に就学前の子どものいる母親の有業率も増加するのですが、所得階層ごとにみると、夫の所得が年収400万円未満世帯の妻の有業化が増加した世帯の多数を占め、夫の低所得化が妻の有業化を不可欠にしたことがわかります。就学前の子どもがいる世帯で妻が有業化すれば、当然、保育所の入所ニーズは高まります。保育所を増やしても待機児童問題が解消せず、「保活」が激しくなる背景には、夫の低所得化にともない、たとえ就学前の子どもがいても妻が働かざるを得ない、若い子育て世帯の深刻な生活実態があるようです[13]。

5 多就業化の必然と生活防衛の限界 ● 母親の賃金と子育ての時間

家族総出で働かざるを得ない生活防衛のための多就業化

もちろん、男性が稼ぎ、女性が育児に専念する家族形態ではなく、夫婦がともに仕事も育児も担うことは、若い世代の家族のあり方として好ましいことかもしれません。ですが、現在の若い子育て世帯の状況は、むしろ、家族総出で働かないと貧困に陥るために、生活防衛として多就業化がはかられていると蓑輪氏は指摘します。ただし、これまでみてきたような現状のままでは、たとえ女性が有業化しても、生活防衛は容易ではありません。

図表2● 子どものいる世帯の貧困率（2010年前後）

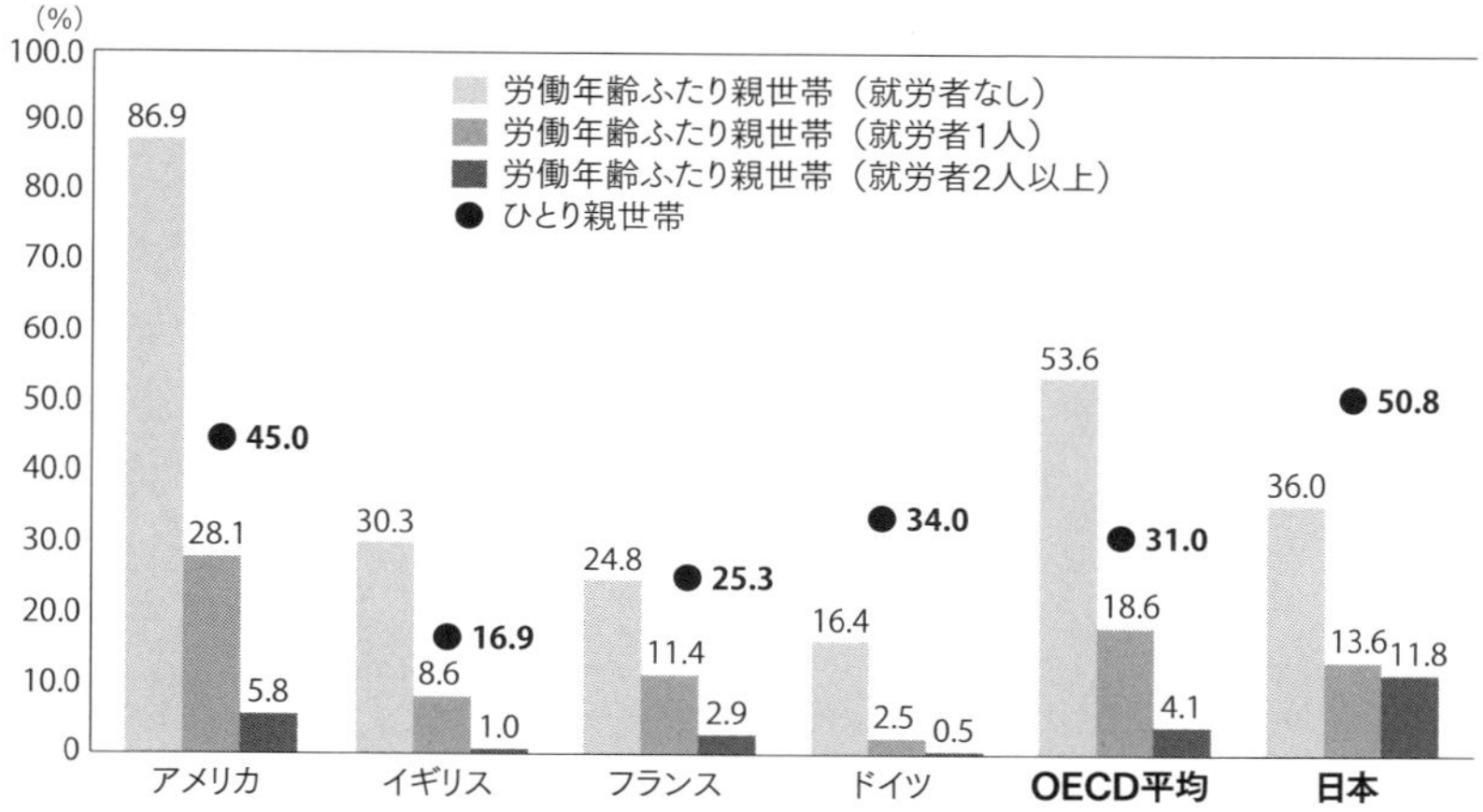

注 ：OECD平均は、ふたり親世帯は34か国、ひとり親世帯は39か国の平均
出所 ：OECD Family Database, CO2.2.C およびTable CO2.2.A より作成
原資料：OECD Income distribution questionnaire (version Jan 2014)

親の就労状態による子どもの貧困率の変化をみると、日本のジェンダー化された労働市場の構造がよくわかります。**図表2**は、ＯＥＣＤ（経済協力開発機構）に加盟している先進国について、世帯主が労働年齢にある子どものいる世帯の貧困率を表したものです。両親がいるふたり親世帯の場合、就労者がいなければ貧困率はＯＥＣＤ平均で53・6％と格段に高いのですが、1人の就労者がいれば18・6％にまで低下し、2人以上の就労者がいれば4・1％まで劇的に低下します。ふたり親世帯で親が2人とも働けば、貧困率は、イギリスでは1・0％、ドイツは0・5％と、貧困はほとんどなくなるのです。しかし日本の場合、就労者がいない世帯の貧困率36・0％は、就労者1人で13・6％にまで低下するものの、2人以上就労しても11・8％までしか低下しません。親1人の就業と親2人就業で貧困率にほとんど変化がなく、

もうひとりの親（母親）の就労は貧困削減にほとんど寄与しないのです。

片働きから共働きになっても世帯の経済状況が改善しない構造は、女性が働いても子どもを育てるのに十分な収入を得ることが難しい状況を示しています。結果として日本は、片働きのふたり親世帯の子どもの貧困率ではＯＥＣＤの比較可能な32か国中第20位と平均より貧困率の低い国であるにもかかわらず、共働きのふたり親世帯では第2位と子どもの貧困率の高い国となり、女性が唯一の親であることの多いひとり親世帯となれば、子どもの貧困率は50・8％とＯＥＣＤ平均31・０％をはるかに超え、比較可能なＯＥＣＤ39か国中第1位となる異常な高さを示すのです[14]（**図表2**）。

女性が働いても貧困から抜け出せない背景には、正規と非正規の待遇格差にあり、さらにその分断そのものにジェンダー構造が組み込まれていることにあります。女性が有業化して共働きになっても、それが非正規雇用であれば、かつての「主婦パート」と同様、企業に都合のよい雇用の調整弁として、雇い止めの不安にさらされながら低賃金で働くことになります。共働きした就職先が正規雇用であれば、残業も配転も厭わず家族を顧みずに働くしかない長時間労働にさらされます。総務省「就業構造基本調査」によると、正規雇用の男性で週49時間以上働いている割合は、１９９７年の3割から２０１２年には4割へと増えており、正規雇用の世界では長時間労働がかつてより広がっています[15]。総務省「社会生活基本調査」を分析した山本勲氏と黒田祥子氏の研究でも、フルタイム雇用者の平均労働時間は、法定労働時間の40時間を超える週50時間であり、１９７６年から２０１１年までの35年間ほとんど変わっていないことが明らかになっています。しかも週休２日制が広がった結果、平日（月曜～金曜）１日あたりの労働時間はむしろかつてより長くなっているのです[16]。

世界最悪の男女賃金格差・「母親ペナルティ」

つまり、日本では、家事・育児・介護といった日常的な家族的責任に十分な時間がとれない正規雇用か、低賃金・不安定で家族生計費を賄えない非正規雇用か、働き方が二分されていて、子育ての時間を奪われずに「生活できる賃金」を得ることが難しいのです。**図表3**は男女の賃金格差をみたものですが、日本は他の先進国と比べて格差が大きく、フルタイム働く男女で比較しても、女性の賃金は男性のそれと28・7％もの開きがあります。しかも25〜44歳で16歳未満の子どものいる男女で比較すれば、賃金格差は60・9％にも達し、ＯＥＣＤ平均21・8％をはるかに超える世界最悪の高さを示すのです。

子どものいる男女の賃金格差が一般的な男女賃金格差よりも総じて拡大する現象を、ＯＥＣＤは「母親ペナルティ（motherhood penalty）」と呼び、女性が子どもを持つことで賃金に刑罰のようなものが科されるようだと指摘します[17]。日本は、その刑罰がきわめて重く、子どものいる女性はフルタイム働いても十分な経済力を得ることが他国以上に難しいのです。このように男女の賃金格差も雇用形態格差もきわめて大きい現状では、若い子育て世帯の妻が有業化して家族を貧困から守ろうとしてもその稼得力には限界があります。母子世帯の母としての女性がどれだけ働いても貧困リスクにさらされるのはある意味では当然でもあるのです。

図表 3● 男女賃金格差（%）

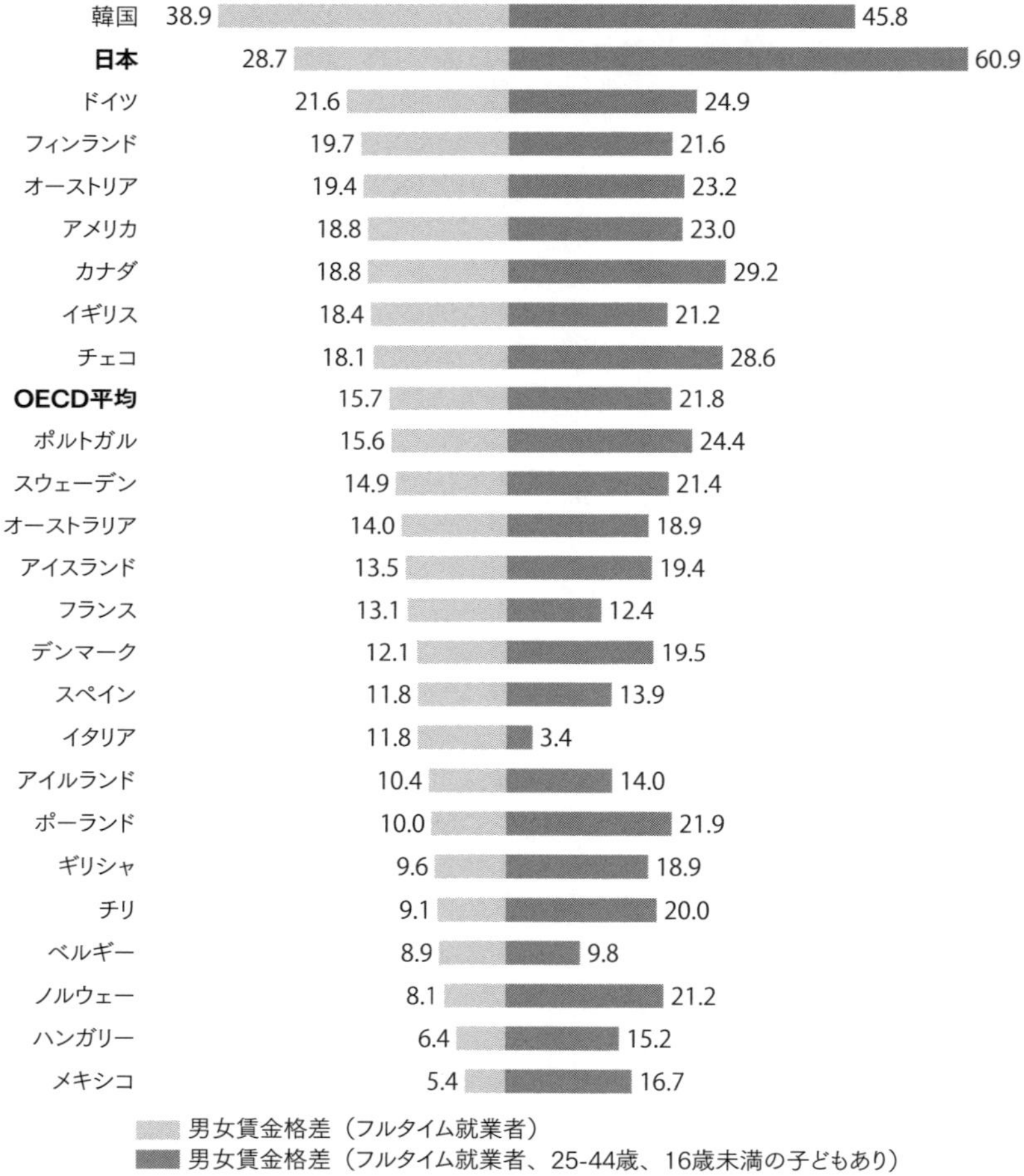

注：男女賃金格差とは、男女の賃金中央値の差を男性の賃金中央値で除した数値を百分率で表したもの。格差20%とは、男性の賃金を100とした場合、女性の賃金が80であることを示す。
男女賃金格差（フルタイム就業者）は2010年（一部2008年、2009年データ）。16歳未満の子どものいる男女の格差は2007～2010年の各国資料に基づきOECD事務局が算定。
OECD平均は、男女賃金格差（フルタイム就業者）は26か国、16歳未満の子どものいる男女の格差は30か国の平均で、表に挙げていない国も含む。
出所：OECD（2012）Closing the Gender Gap : Act Now, OECD.
Figure 13.1およびFigure 13.3の元データに基づき作成

6 社会保障の役割 ● 労働環境だけの問題ではない

これまで若い世代をとりまく労働環境の変化をみながら、子育て世帯や母子世帯が貧困に陥りがちな状況についてみてきました。しかし、どのような労働市場であっても実際に貧困に陥るかどうかは当然の帰結ではありません。たとえ働いて得られる賃金や所得が少なくても、子どもを育てているのですから、児童手当をはじめとした社会保障があるはずです。そういった子育て世帯に対する現金給付が十分であれば、たとえ労働市場から得られる所得が少なくても貧困に陥ることはありません。つまり、子育て世帯や母子世帯の貧困リスクを考えるためには、労働市場の問題だけではなく、社会保障の問題に注目する必要があります。そして、結論としては残念ながら、日本の社会保障は、子育て世帯の貧困を十分に緩和する役割を果たしていないのです。

子どもの養育を支える社会保障給付の小ささ

図表4は、厚生労働省「国民生活基礎調査」より、一世帯あたりの平均所得額について、所得を構成する項目ごとにみたものです。母子世帯の場合、働くことで得られた稼働所得は179万円ですが、総所得でみると243・4万円に増えています。なぜなら社会保障給付金が56・9万円あるからです。母子世帯の場合、稼働所得は200万円未満であっても、50万円程度の社会保障給付金によってかろうじて

図表4● 「国民生活基礎調査」からみた所得構造

	母子世帯 (万円)	児童のいる世帯 (万円)	世帯主30～39歳世帯 (万円)	母子世帯 (%)	児童のいる世帯 (%)	世帯主30～39歳世帯 (%)
総所得	243.4	673.2	545.1	100.0	100.0	100.0
稼働所得	179	603	512	73.5	89.6	93.9
財産所得	1.7	11.5	3.3	0.7	1.7	0.6
社会保障給付金	56.9	52.3	25.8	23.3	7.7	4.7
公的年金・恩給	7.6	29.1	5.5			
雇用保険	1.5	1.6	1.7			
児童手当・児童扶養手当等	35.1	19.6	16.5			
その他の社会保障給付金	12.7	1.9	2			
仕送り・企業年金・個人年金等・その他の所得	5.8	6.3	4	2.4	0.9	0.7
可処分所得	208.3	528.4	425.1			
＊可処分所得－稼働所得	29.3	−74.6	−86.9			

注：「母子世帯」とは、現に配偶者のいない65歳未満の女性と20歳未満のその子のみで構成している世帯。

「児童」とは、18歳未満の未婚の者。

「稼働所得」は、雇用者所得、事業所得、農耕・畜産所得、家内労働所得をいう。

「可処分所得」とは、総所得から所得税、住民税、社会保険料及び固定資産税を差し引いたもので、手取り収入に相当する。

出所：厚生労働省「国民生活基礎調査」2013年より作成

年収240万円水準を維持しており、総所得の23・3％に相当する社会保障給付金は母子世帯の家計にとって欠かせない所得源だといえます。

児童（18歳未満の未婚の者）のいる世帯も、社会保障給付金は52・3万円であり、母子世帯と同程度の給付を得ています。しかしその半分以上（29・1万円）は児童の祖父母等に支給されたと思われる公的年金・恩給であって、子どもを養育していることに対する手当は19・6万円にとどまります。世帯主が30～39歳である若い世帯をみると、社会保障給付金は25・8万円とわずかであり、総所得の4・7％を占めるにすぎません。母子世帯であっても総所得の7割以上（73・5％）は稼働所得ですが、児童のいる世帯や世帯主が30～39歳の世帯では、総所得の9割（それぞれ

89・6％、93・9％）が稼働所得であり、社会保障給付が家計を支える役割はきわめて小さいのです（それぞれ7・7％、4・7％）。

にもかかわらず、私たちは社会保障制度を支えるために、所得税や住民税を納め、年金や健康保険といった社会保険料を拠出しなければなりません。総所得から税金や社会保険料等を差し引いた「可処分所得」をみると、児童のいる世帯は５２８・４万円、世帯主が30〜39歳の世帯は４２５・１万円であり、当該世帯の稼働所得６０３万円、５１２万円と比べて、70〜90万円程度少なくなっています。つまり、社会保障の給付金以上に拠出金が多いために、最終的な手取りとしての家計の可処分所得は、稼働所得未満に下がってしまうのです。

働いて得た稼働所得と、実際に使える可処分所得を比較すると、母子世帯の場合はかろうじてプラスになります。しかし、56・9万円の社会保障給付金があったにもかかわらず、稼働所得よりも増えた額は29・3万円にすぎません。なぜなら、母子世帯も他の世帯と同様、税金や社会保険料を拠出しなければならないからであり、社会保障費の負担の大きさが給付の効果を抑制しています。

若い世代の生活を苦しめる所得再分配

このような社会保障の給付と拠出の関係を所得再分配といいます。厚生労働省「所得再分配調査」にもとづき、**図表5**で図式化してみてみましょう。

母子世帯の場合、稼働所得や私的な給付等を合わせた当初所得は１９５・７万円です。ですが、社会

図表5 ● 「所得再分配調査」からみた所得構造

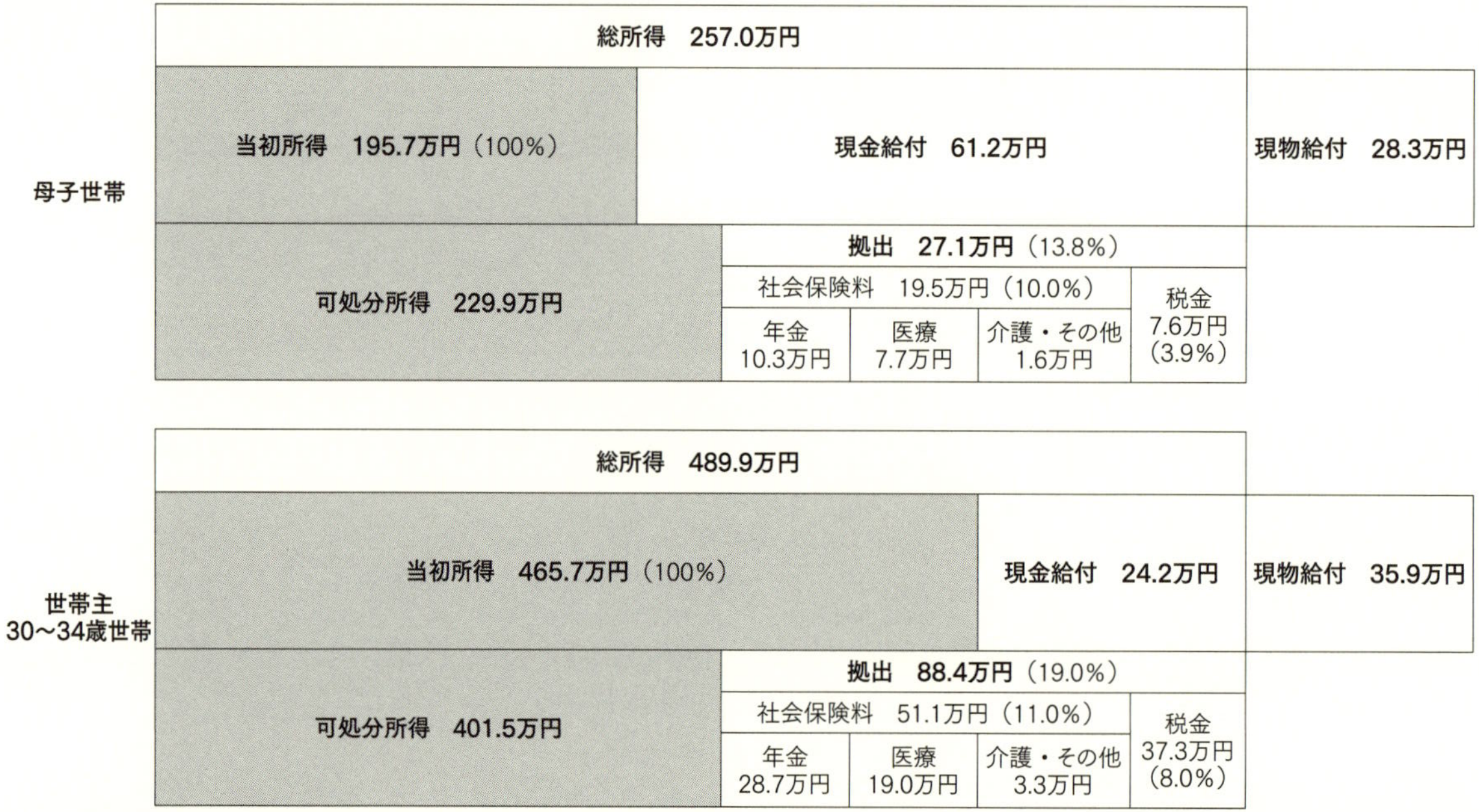

注：「当初所得」は、雇用者所得、事業所得、農耕・畜産所得、財産所得、家内労働所得及び雑収入並びに私的給付（仕送り、企業年金、生命保険金等の合計額）の合計額。

「総所得」は、当初所得に社会保障による現金給付額を加えたもの。

「可処分所得」は、総所得から税金及び社会保険料を控除したもの。

岩手県、宮城県および福島県を除く。

出所：厚生労働省「所得再分配調査」2011年より作成

保障の現金給付が61・2万円あるおかげで、総所得としては257・0万円に増加しています。しかし、可処分所得でみると229・9万円であり、当初所得と比べて30万円あまりしか増えていません。なぜなら、給付金の半分近い27・1万円を税金や社会保険料として拠出しなければならないからです。現物給付も28・3万円あるとされていますが、1年間に利用した医療・介護・保育サービスの推計額であり、お金で給付されるものではありません。

世帯主が30～34歳の世帯の当初所得は465・7万円であり、母子世帯の2倍以上の所得があります。しかし、それだけ社会保障の現金給付は24・2万円と少なく、母子世帯の2分の1未満です。しかも、税金と社会保険料として拠出しなければならない総額は88・4万円と現金給付よりはるかに大きいために、最終的な可処分所得401・5万円は、当初所得465・7万円より60万円以上マイナスになっています。税金や社会保険料を拠出することは、社会保障制度を支えるために必要な負担ですが、若い世代にとっては、給付される額よりも拠出する額がはるかに大きいため、社会保障のせいで生活がいっそう苦しくなる実感につながっています。実際、現在の日本の社会保障制度は、これほどまでに非正規化が進んだ若い世代の稼働所得の低下を補うどころか、可処分所得レベルでは所得をよりいっそう減少させているのです。

拠出の多くは社会保険料・低所得層に重く子育て支援につながらない負担

重要なのは、拠出の多くは、税金ではなく社会保険料だということです。所得税は累進課税であり、税を負担できる能力に配慮した設計になっています。当初所得が195・7万円と低い母子世帯が負担している税金は7・6万円であり、当初所得の3・9%です。当初所得が465・7万円の世帯主が30〜34歳の世帯の税金37・3万円（8・0%）と比べて、実額も割合も低いことがわかります。しかし、社会保険料の場合は、一部の免除制度を除いて一律何パーセントといった形で保険料率が課されるため、低所得者にとって、より重い負担になります。**図表5**をみても、母子世帯と世帯主が30〜34歳の世帯では、当初所得の実額に差があるにもかかわらず、社会保険料の当初所得に占める割合は10・0%、11・0%とほとんど差がありません。低所得世帯にとってこの社会保険料の負担は大きく、貴重な給付の効果を抑制します。しかも、年金・医療・介護といった各制度の財源にあてられる社会保険料は、子どもを育てることを直接支える現金給付にはつながらないのです。

7 階層格差の解消とジェンダー平等 ● 子どもの貧困を緩和し防止する社会を

「子どもの貧困」の拡大について、子どもの親たちである若い世代、とりわけ父親である男性に非正規雇用が広がったことに着目すれば、「昔の時代は良かった」と考える読者もいるかもしれません。しかし、決して、そうではありません。かつても今も、母子世帯の母親はどれだけ働いても子どもを貧困から守るのは容易ではありませんでした。日本における子どもの貧困の拡大の根源には、これほど非正規化が進む以前から、日本の雇用社会そのもののなかに、男性は妻子を養い、女性は男性に経済的に養われることが望ましいといったジェンダー構造が組み込まれていたことにあります。男性1人の賃金で家族全員が暮らしていける家族モデルを理想に掲げても、子どもの貧困問題は解決しません。ジェンダー平等を志向する社会こそが、子どもの貧困を防止する、抵抗力のある社会となるのです。

戦後日本が雇用社会化する過程で、同時につくられてきた社会保障のあり方も、根本的に組み替えなくてはなりません。子どもを養育する費用は父親の経済力に委ねられ、父親の経済力は父親が働く企業に委ねられ、企業から引退する高齢期になってはじめて社会保障が生活を支えるのであれば、子育て世帯にとって、社会保障は、今の生活を苦しめるだけの存在でしかありません。新自由主義と呼ばれる時代、これからも労働者間の競争は男女を問わず激しくなり、所得や資産といった階層格差はよりいっそう広がるでしょう。このような時代だからこそ、税・社会保障制度が重要なのであり、階層格差を縮小する所得再分配の機能を格段に強化する必要があります。そうでなければ、親の経済力の格差が子どもの成育機会の格差に直結するからです。

すべての子どもの貧困を防止するためには、ジェンダー平等の視点とともに、社会階層間の格差を縮小・解消していく視点が不可欠です。そのために必要な労働のあり方や働き方、そして税と社会保障のあり方を、考えていきたいと思います。

注

1　総務省統計局「労働力調査」

2 総務省統計局「労働力調査」

3 川村雅則「北海道保育者調査に見る現代の保育労働者状態」垣内国光・義基祐正・川村雅則・小尾晴美・奥山優佳『日本の保育労働者——せめぎあう処遇改善と専門性』ひとなる書房、2015年

4 小尾晴美・義基祐正「非正規保育者の雇用と労働の現実」垣内国光・髙橋光幸・小尾晴美監修／非正規保育労働者実態調査委員会編『私たち非正規保育者です——東京の公立保育園非正規職員調査から見えてきたもの』かもがわ出版、2015年

5 厚生労働省「平成26年就業形態の多様化に関する総合実態調査」

6 川村雅則氏の保育者アンケートは、北海道の認可保育園に対して行った保育園アンケートと同時に各園10人の保育士に回答を求めたもの（有効回答2455人）。

垣内国光氏・小尾晴美氏らの保育者アンケートは、2013年9～11月時点で東京都の公立保育園に勤める区・市に直接雇用された非正規職員を対象に行ったもので、労働組合に調査票の配布を依頼し各園の協力で非正規職員に手渡し回答を求めたもの（有効回答3632人、うち保育者2574人）。

7 厚生労働省「平成27年賃金構造基本統計調査」

8 厚生労働省「平成26年度コース別雇用管理制度の実施・指導状況」

9 総務省統計局『日本の就業構造——平成24年就業構造基本調査の解説』総務省統計局、2014年、p.89

10 内閣府「平成27年版少子化社会対策白書」

11 内閣府「平成26年版男女共同参画白書」

12 厚生労働省「平成22年度出生に関する統計（人口動態統計特殊報告）」

13 蓑輪明子「新自由主義時代における家族の多就業化と新しい家族主義の登場」『現代思想』41巻12号（2013年9月号）

14 OECD Family Database, Table CO2.2.A(version Jan 2014)

15 藤原千沙「労働市場のジェンダー構造――男女雇用機会均等法成立30年の現状」法政大学大原社会問題研究所編『日本労働年鑑 第85集／2015年版』旬報社、2015年、p.63、巻頭第8図

16 山本勲・黒田祥子『労働時間の経済分析――超高齢社会の働き方を展望する』日本経済新聞出版社、2014年、pp.20－25

17 OECD (2012) Closing the Gender Gap : Act Now, OECD. p.169.

6

子どもの発達と貧困

低所得層の家族・生育環境と子どもへの影響

お茶の水女子大学
菅原ますみ

本章では、乳幼児期に体験する貧困が子どもの発達にどのような影響を及ぼすのか、これまでおこなわれた海外や日本の研究からみていきます。ノーベル賞経済学者のジェームズ・J・ヘックマン[1]をはじめ海外では多くの研究者たちが、幼少期の貧困に起因する養育環境の劣化がのちの個人の人生に大きく影響すること、社会にとってもその克服が大きな課題であることを指摘してきました。初期に体験する貧困は、どのような経路を経て子どもの発達に影響するのでしょうか。その影響はどれくらいの年月続くのでしょうか。最新の研究結果から考えていきたいと思います。

1 「貧困」の定義をめぐって

絶対的貧困と相対的貧困

「貧困のなかの子ども」という言葉から多くの人が連想するのは、「飢餓状態にあり、住む場所も定まらず、極度の剝奪状態にさらされていて、差別され、虐待されることもあり、読み書きも十分にはできず、その日一日の生存が脅かされている子ども」の姿ではないでしょうか。貧困をどう定義するかはなかなか難しいことで、社会科学の領域において現在でも議論が展開されています。[2]なかでも重要な貧困の二つの定義について、ここで整理しておきましょう。

一つ目は、生存維持に最低限必要な衣食住の観点から定義される「絶対的貧困」で、世界銀行の定義では、1日1・25米ドル以下の所得を指し、冒頭の状況がすべて当てはまるような厳しい生活レベルです（2015年には、今後は1・9米ドル以下とする方針が世界銀行から出されています）[3]。日本円に換算すると、1日1・25ドルの所得は約4万9000円程度の年収に相当します。生活保護制度のある日本では、この基準に相当する絶対的貧困者は制度上存在しませんが、世界では、2015年の推計で約7億人で、地球人口の約1割が未だに絶対的貧困にあると推定されています。絶対的な貧困下にあるサハラ以南のアフリカや南アジア等の子どもたちは、安全や栄養、遊び、教育のすべてに剝奪が起こっていて、健やかな成長発達が大きく損なわれています。世界中の人々が大きな関心を寄せ、その人数をゼロにしていくことが人類共通の課題です。

二つ目は先進諸国における貧困で、標準的な生活様式や慣習、活動に参加できない低い水準の所得を指す「相対的貧困」です。衣食住や医療の最低限の調達が苦しく、冠婚葬祭や子どもの教育、旅行や趣味などに充てる費用の捻出が困難で、「人並み」の生活を送ることができない家計レベルです。日本でも、等価可処分所得（不動産などの資産を除いた就労所得や社会保障給付金などの現金収入を、世帯人数の平方根で割って算出します。家賃も含めておおよそ家族1人あたりに充てることができる年間の生活費、と考えることができます）の全人口の中央値の半分未満を、「相対的貧困」と定義しています。詳しくは本書の1章を参照していただきたいのですが、2012年の日本の貧困線（相対的貧困に相当するかどうかを決める年収）は単身世帯で122万円、3人家族で211万円、4人家族なら244万円であり、貧困線以下の貧困のなかで暮らす子どもたちの人数は16・3％にのぼることがわかっています。

「低所得」とは

現在の日本では、上述のように４人家族の年収が２４４万円程度未満である場合を、「相対的貧困」にあると定義しているわけですが、それよりも少し多い所得であっても、生活に苦しさがあり、子どもたちの発達や健康維持に必要な環境を調達することに支障があるかもしれないことに留意する必要があります。阿部の研究では、１５２０名の成人を対象として生活に必要な物品や活動のリスト（冷暖房、親戚の冠婚葬祭への出席、受診や保険加入、家族専用のトイレや浴室等の16項目）を作成し、それを「経済的に持てない」と回答した場合をその物品該当項目の欠如（剝奪）とカウントし、相対的な剝奪の程度を検討しています。その結果、対象者の35％に一つ以上の欠如（剝奪）が観測され、こうした剝奪が生起するリスクは、年収４００万〜５００万円以下の世帯で急激に上昇することがわかりました。[4] 阿部は、「おおむね世帯年収４００万〜５００万円が日本における（相対的貧困に向かう）閾値である」と結論しています。閾値以下、すなわち、年収４００万〜５００万円以下の世帯では、年収が低くなるほど急激に生活の苦しさが増大するリスクが高まり、その家庭に子どもがいるとすれば、不自由や不都合が生じていないか、しっかりと見守る必要があるといえるでしょう。

アメリカでは、貧困線以上ではあるけれど、一定以下の低い所得の家庭に育つ子どもたちに対しても特別な配慮が必要であることが議論されています。多くの学者たちが、貧困線の１００〜２００％を「低所得」として定義しており、[5] 健康や発達に及ぼす影響性について慎重に見守り、そこに相当する子どもたちに対して、さまざまな社会的な対策が講じられています。例えば、貧困線の１３３％未満の家庭の子どもは給食が無料になる、185%未満では割引になる、といった工夫がなされています。日本においても、貧困線以下の家庭についてはもちろんのこと、年収が400万〜500万円以下の低所得層の子どもたちに対してもその発達への影響性について細やかな関心をもって考えられていく必要があると思われます。

アメリカを中心とした先進諸国では、相対的貧困下および低所得層の家庭で育つ乳幼児期の子どもたちの健康や発達に関する実証的な研究が、近年、活発になってきています。[6] 次節では、代表的な研究成果をみていきましょう。

2 幼少期での貧困・低所得の影響

アメリカでの研究から

2012年のアメリカの人口統計では、4人家族で2万3050ドルの年収（日本円で約247万円）が相対的貧困線で、それ未満の貧困に相当する家庭で育つ子どもたちは20・7%、低所得層は41・7%と比較的高い水準が続いていることが報告されています。子どもの貧困率は0歳から5歳まででより高く（24%、6歳以上は18%）、アフリカ系やヒスパニック系の子どもたちは白人系の子どもたちの3倍です。シングルマザー家庭の貧困率はアメリカでも高く、44%に達しています。また、9%の子どもたちが貧困線のさらに半分以下という、非常に「深刻な貧困」にあることも指摘されています。[7]

乳幼児の発達に及ぼす貧困や低所得の影響は発達の早い時期から明らかで、アメリカの大規模な縦断調査（ECLS－B）では、生後9か月時点（1万2000名）での発達検査（ベイリー発達検査）のスコアにおいて低所得層（貧困線の189％未満）の乳児はそれ以上の所得家庭の乳児よりも有意に低い得点を示し、24か月の追跡時点（8900名）ではその差はより確実なものになっていました。[8] 幼稚園に上がる頃までに差はさらに開き、4歳頃には小学校就学に必要な知的な発達（数字理解や読み書き）に大きな格差が生じることが指摘されています。[9]

アメリカ国立小児保健人間発達研究所（NICHD）の保育に関する大規模な縦断研究では、[10] 1991年に全米10の地域で生まれた1364名の子どもたちを9歳まで追跡し、0～9歳までのあいだに、一度も貧困線以下の所得にならなかった群（857名、63％）・0～3歳までの時期のみ貧困だった群（123名、9％）・乳児期は貧困ではなかったが4～9歳に貧困だった群（70名、5％）・0～9歳まで慢性的に貧困だった群（314名、23％）の四つのグループの比較をおこないました。慢性的な貧困群において家庭での養育環境の質や観察された母子相互作用中の母親の子どもに対する敏感性のスコアが最も低く、子どもの認知的な発達や問題行動のスコアも他の3群に比較して不良であったことが示されています。貧困状態が変動した二つのグループは、一貫して貧困ではなかったグループと統計学的な差がないことも明らかにされ、幼少期を通して継続する貧困が問題であることが指摘されています。

誕生からの最初の5年間での貧困・低所得体験がとくに重要で、成人期のさまざまな側面と長期的な関連があることも明らかにされてきています。[11] グレッグ・J・ダンカンらの研究グループでは、ジョン

図表1● 出生前から5歳までの家庭の経済状態と
成人期（30歳〜37歳）の状況との関連

	出生前から5歳までの（家庭）収入がアメリカの公式貧困線よりも—		
	少ない（貧困層）	100%〜200%（低所得層）	200%以上（より富裕な層）
	平均値または%	平均値または%	平均値または%
受けた学校教育の平均年数	11.8年	12.7年	14年
25〜37歳時の収入（単位：万ドル）	$17.90	$26.80	$39.70
25〜37歳時の年間の就労時間	1,512時間	1,839時間	1,963時間
25〜37歳時の食料配給券の受給額	$896	$337	$70
逮捕歴（男性のみ）	26%	21%	13%
21歳までに未婚で出産した割合（女性のみ）	50%	28%	9%
不健康であると回答した割合（5件法）	13%	13%	5%
肥満の割合（BMI>30）	45%	32%	26%
高血圧の割合	25%	10%	9%
関節炎の割合	7%	7%	3%
糖尿病の割合	4%	6%	2%
仕事が制限されるような高血圧の割合	4%	2%	2%

注：1968年〜1975年の間に生まれたthe Panel Study of Income Dynamics(PSID)のサンプル。
成人期の測定は2005年に実施。

資料：以下より筆者作成
Kalil, A., Duncan, G.J., & Ziol-Guest.K.M. 2016 Early Childhood Poverty : Short and Long-Run Consequences Over the Lifespan. *Handbook of the Life Course.* Springer International Publishing, 341-354.

ソン大統領による貧困撲滅政策を評価するために開始された大規模な縦断研究（PSID）のデータを用いて、1968年から1975年の間に生まれ調査に参加した子どもたちのうち、2005年に30〜37歳に達した2414名を対象に、幼少期の貧困・低所得の影響について分析をおこないました。対象となった家庭の年収については、母親が妊娠中から子どもが15歳になるまで毎年測定されました。**図表1**をみると、三つのグループ（貧困層・低所得層・相対的な富裕層）には大きな違いがいくつもみられます。5歳まで貧困だった子どもは、より富裕な家庭の子どもより2年以上就学年数が少なく、成人期での就労時間もより短く、収入は半分以下です。低所得者向けにおこなわれている食料費補助対策である食料配給券の受給額も13倍近くであり、おとなになっても貧しい生活を送っている人の割合が高いことを示しています。逮捕される男性、21歳以前に未婚で出産した女性の割合もずっと高く、肥満や高血圧といった健康問題を抱えている人の割合も多くなっています。この全米規模の大規模な追跡調査によって、就学前期に貧困や低所得家庭で育った子どもたちは、そうでなかった子どもたちにくらべて、おとなになってもなお貧しさのなかで、困難な生活を送る可能性が確かに高いことがわかったのです。

ダンカンらはさらに、このサンプルについて、子ども時代のどこで貧困・低所得を体験することがより影響が大きいのか分析を進めました。[12] 妊娠期〜5歳、6〜10歳、11〜15歳までの三つの時期の比較をおこなった結果、成人期の「稼ぎ」(25〜37歳時の年収)に対する影響は、妊娠期〜5歳までの貧困・低所得体験の影響が最も大きいことがわかりました。

図表2では、それぞれの時期に、もしも家庭年収があと3000ドル高かったとしたら、成人期になったときの子ども自身の稼ぎがどのくらい上昇するかを、その時々の貧困あるいは貧困に近い低所得層(2万5000ドル未満)とそれ以上の所得層(2万5000ドル以上)の二つのグループでシミュレーションをおこない、比較しています。3000ドルという金額は、実際にアメリカ政府から低所得家庭に還付される「給付付き勤労所得税額控除(EITC、2015年では子ども1人に最大3359ドル)」の額に近いもので、それがどの時期に給付されるのが最も効果的かを試算したのです。妊娠期〜5歳までの時期をみると、より収入の多いグループでも2%の統計学的に有意な成人期の収入上昇が認められていますが、貧困あるいは貧困に近い層に対する3000ドルの所得追加が最も効果的で、成人期の稼

図表2● 子ども期の家庭の年収が3,000ドル増加した場合の成人期における子ども自身の収入の増加率の推定値

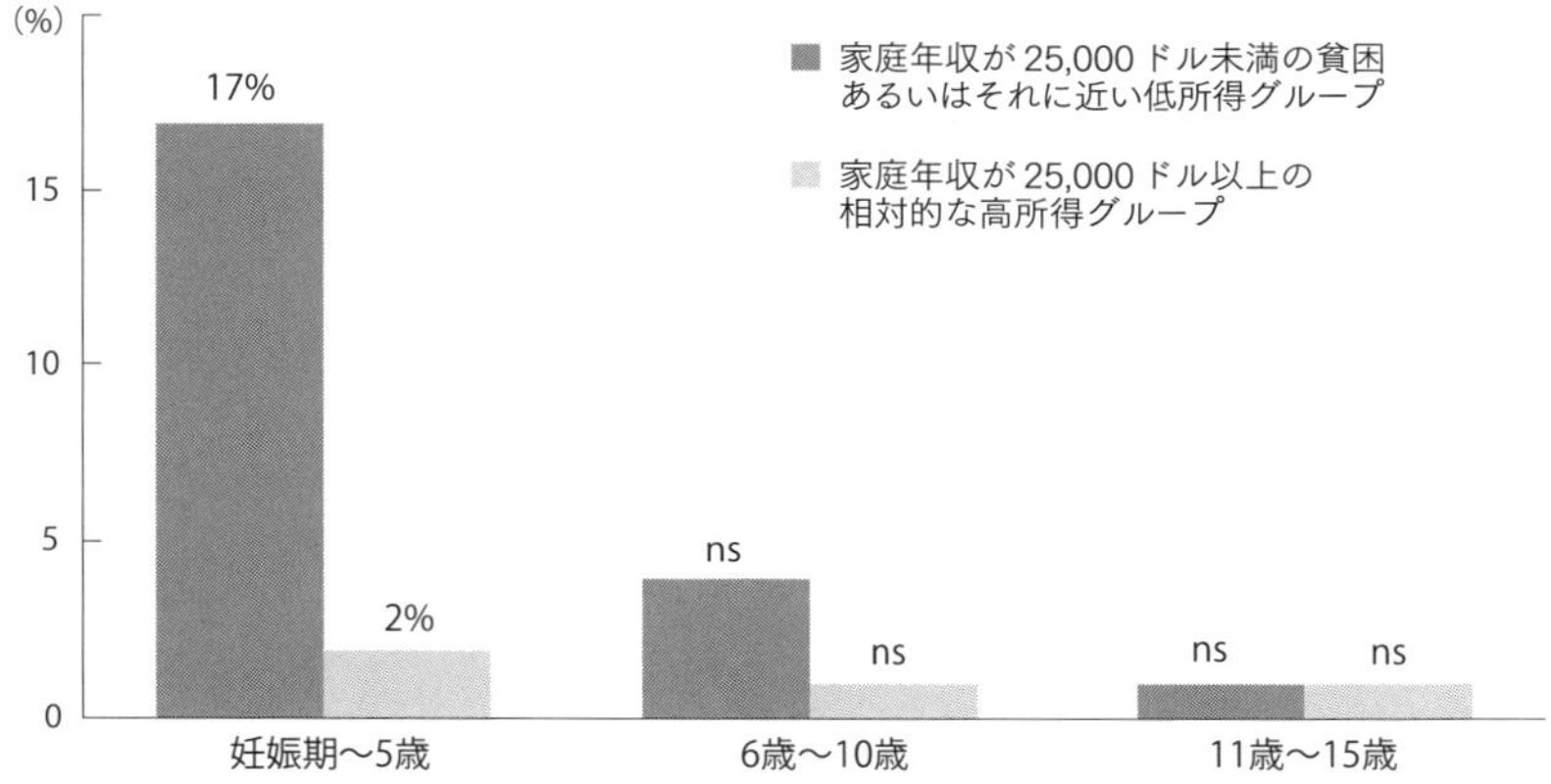

注：nsは10%水準で統計的に有意な上昇が見られないことを示す。
資料：以下より筆者作成
Kalil, A., Duncan, G.J., & Ziol-Guest.K.M. 2016 Early Childhood Poverty : Short and Long-Run Consequences Over the Lifespan. *Handbook of the Life Course.* Springer International Publishing, 341-354.

得が17%も上昇することがわかりました。

一方、6〜10歳、11〜15歳の時期の所得追加はグラフでは少しの上昇が描かれていますが、統計解析の結果、ほとんど効果がないことが明らかにされました。成人期の稼得のほかに、さまざまな健康指標でも同様な効果が認められています（例えば、妊娠期〜5歳までの時期に3000ドルの収入の押し上げがあったとすれば、成人期の肥満は20%・高血圧は29%・関節炎は46%それぞれ減少する）。ダンカンらの長期縦断データの分析は、妊娠期・乳幼児期での貧困や低所得の長期的な影響性とともに、発達初期での支援の有効さも示唆しており、貧困に関する政策にとっても重要な意味をもつ成果であるといえるでしょう。

以上、アメリカの信頼性の高い大規模な諸研究の結果から、就学前期での貧困・低所得が短期的にも長期的にも人間発達に影響を及ぼし得るものであること、なかでも継続する慢性的な貧困が深刻な影響性をもっていること、一方、発達最初期（0～3歳）に貧困であっても、幼児期後半以降に回復すれば影響はより小さく心配ないレベルに留まる可能性も示唆されていることなどが、心に留めておくべき重要なポイントであるといえるでしょう。社会保障制度や保育・教育制度が異なる日本においても同様なことがいえるのか、妊娠期（胎児期）からスタートする貧困の効果を検証するための大規模な調査研究によって、今後検証していくことが必要です。

日本の研究から

日本の教育社会学や経済学の領域では、子どもの学力に対する家庭の経済状況の影響性について活発に研究が進められてきています[13][14][15]。子どもの学力は、その時々に重要な発達の一側面であるだけでなく、学歴を経由して成人期の就職や稼得、さらに老齢期の年金にも影響し、貧困の世代間連鎖の問題に深く関係する重要な指標のひとつです。赤林らの研究では、家計調査を縦断的に実施している全国の家庭に対して郵送による学力テスト（数学・国語）を実施していますが、回答が得られた659名（小1～中3）について分析した結果、性別・出生時期・出生順位・両親の学歴・両親の雇用形態の影響を考慮したうえでも、2教科とも世帯年収が低いほど成績も低いという有意な関連が見出されています。両親の学歴の効果を差し引いたうえでも年収の影響が認められたことは、知的側面に関する遺伝的な形質の親子での類似性や、勉強を教える親の知識レベルの影響を考慮したうえでもなお、年収の効果が独自に認

図表3● 世帯年収と高校生の子どもの進路

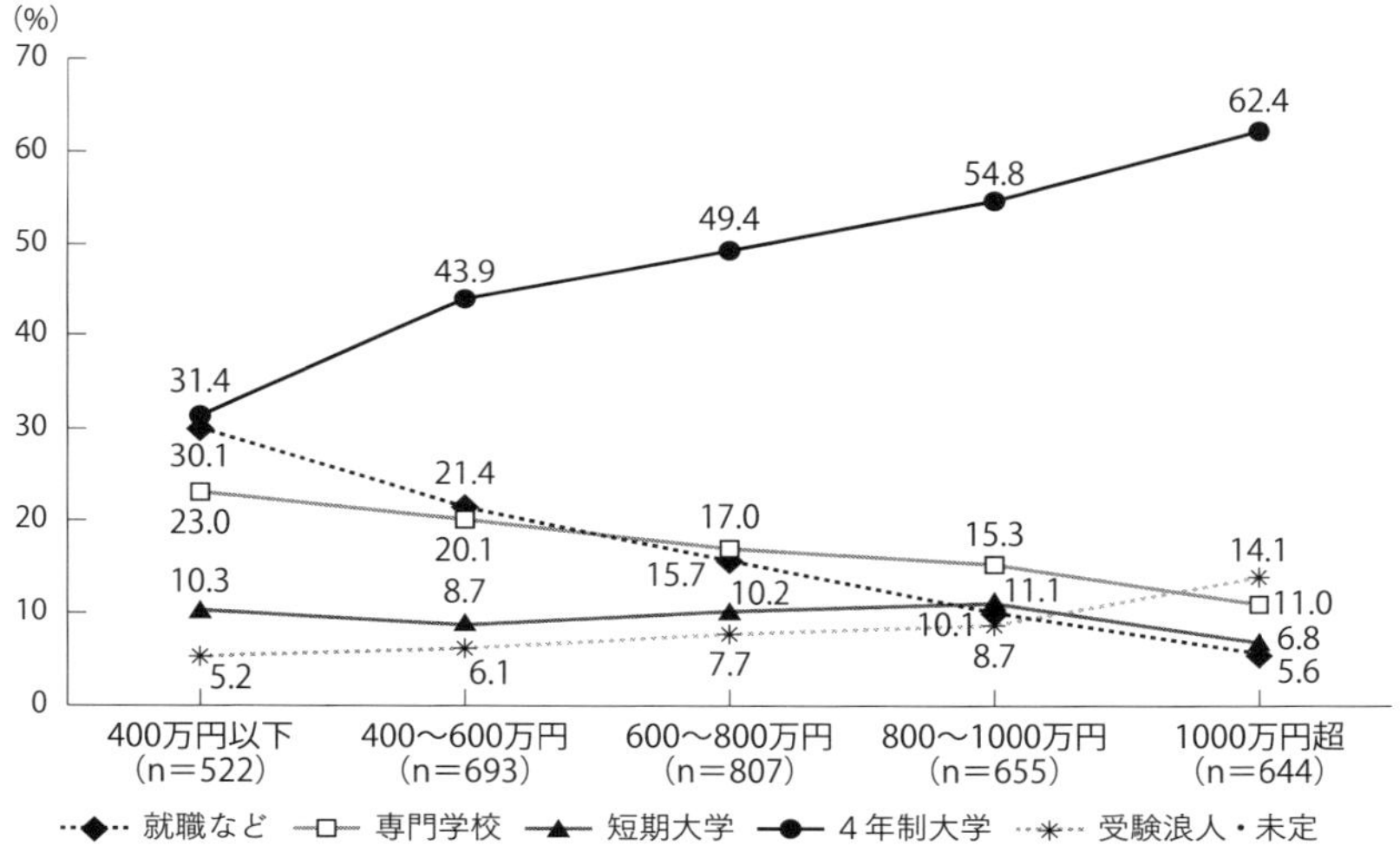

出所：東京大学大学院教育学研究科大学経営・政策研究センター「高校生の進路追跡調査第１次報告書（2007年９月）」より（調査年は2005年）

められている点で特筆すべきことでしょう。

また、耳塚らの研究では、２００３年の関東地方の小学校６年生（サンプル総数１１６４名）の算数学力を対象とした調査から、世帯所得は弱いながらも学力と有意な関連がみられ、また家庭における学校外の教育支出（塾や習い事、通信教育など）や親の学歴期待（親が子どもの学歴をどの程度望んでいるか）も、学力と所得との関連を上まわる強い関連性がみられたことを報告しています。

図表3のように、家庭の年収によって子どもの進路は大きく異なっているのが現在の日本の現状です。年収４００万円以下の低所得層の４年制大学への進学率は、１０００万円以上の高所得層の半分程度にとどまっています[16]。高校に至るまでの学力獲得の問題と、進学時の家庭の経済的な制約があいまった結果

図表 4 ● 乳児期サンプル（0〜2 歳、2,004 世帯）：
世帯年収 400 万円未満と 400 万円以上の家庭の比較

	年収400万円未満 (n=516, 25.7%)	年収400万円以上 (n=1,488, 74.3%)	
	平均値(標準偏差)／該当%	平均値(標準偏差)／該当%	
父親学歴(1=中卒〜5=大学院卒)	2.52 (0.99)	3.12 (1.12)	**
母親学歴(1=中卒〜5=大学院卒)	2.50 (0.88)	2.90 (0.93)	**
母親の就労形態	正規 15.0% 非正規 60.2%	正規 56.5% 非正規 24.5%	**
母親の心理的安定度	3.32 (0.60)	3.42 (0.58)	**
子どもの萌芽的な問題行動傾向(乱暴、多動など)	10.55 (3.77)	10.06 (3.62)	*
住環境の子育て利便性(徒歩20分圏の子育て関連施設の有無)			
お散歩できる公園や遊歩道がある	70.4%	77.3%	**
公共の子育て支援施設がある	50.4%	60.9%	**
小児科や子どもを診察する病院がある	62.1%	71.4%	**
産婦人科や助産院がある	35.9%	38.7%	n.s.

*: $p < .05$; **: $p < .01$

出所：菅原ますみ 2012「子ども期の QOL と貧困・格差問題に関する発達研究の動向」菅原ますみ編著『お茶の水女子大学グローバル COE プログラム　格差センシティブな人間発達科学の創成第 1 巻 子ども期の養育環境と QOL』金子書房、pp.145-165.

であると考えることができるでしょう。駒村らは、生活保護を受けている母子世帯の調査から、対象となった318名の母親のうち32%が子ども時代に実家も生活保護を受けていたことを明らかにしており、学歴に関しては、中卒が30・5%・高校中退が24・2%という厳しい現状を報告しています[17]。大学を卒業したのはわずか1・3%でした。貧困の連鎖を断ち切るために子ども時代での学力獲得や進学機会の拡大は非常に重要な課題であり、貧困や低所得層の子どもたちに対する学習支援は手を尽くして臨むべき事項のひとつであると考えられます。

学齢期以前に関する実証的な研究は日本ではまだとても少ないのですが、筆者らの研究グループでは、ベネッセコーポレーション次世代育成研究所との共同研究として、0〜2

歳の第一子（子どもは１人のみ）を持つ世帯を対象とした全国規模の調査データから、同居人のいない３人家族２００４世帯を対象として、世帯年収の影響性に関する分析を試みました。[18・19] 先述の低所得層の所得水準に沿って、年収が４００万円未満の世帯（５１６世帯、25・７％）と４００万円以上の世帯（１４８８世帯、74・３％）にグループを分割して家庭環境の特徴を比較してみたのが**図表４**です。

先にみたアメリカのＰＳＩＤサンプルと同様に、３人家族で４００万円未満の低所得層世帯はそれ以上の世帯と比較して、両親の学歴が低く、母親も正規職に就いている割合が４分の１程度です。自宅の近隣環境も異なっており、高所得層のほうが身近に子どもが遊べる公園や遊歩道があったり、公共の子育て支援施設がある、子どもを診てもらう病院がある割合が高く、より子育てしやすい環境にあることがわかります。母親の心理的な安定度や子どもの問題行動傾向にも若干の差が観測されました。日本でも、世帯年収と乳児期の養育環境は無関係ではなく、少しずつの違いではありますが、やはり、低所得層の子どもたちのほうが不利な環境のなかで育っていることがわかりました。これらの要因がどのようなメカニズムで互いに関連しているのかは、次節でみていきたいと思います。

３　貧困・低所得の子どもの発達への影響メカニズムについて

家族ストレスプロセスと家族投資プロセス

家庭が経済的に困窮していることが、どのような経路をたどって子どもの健康や発達に影響を及ぼす

図表5● 貧困とアウトカムをつなぐ「経路」

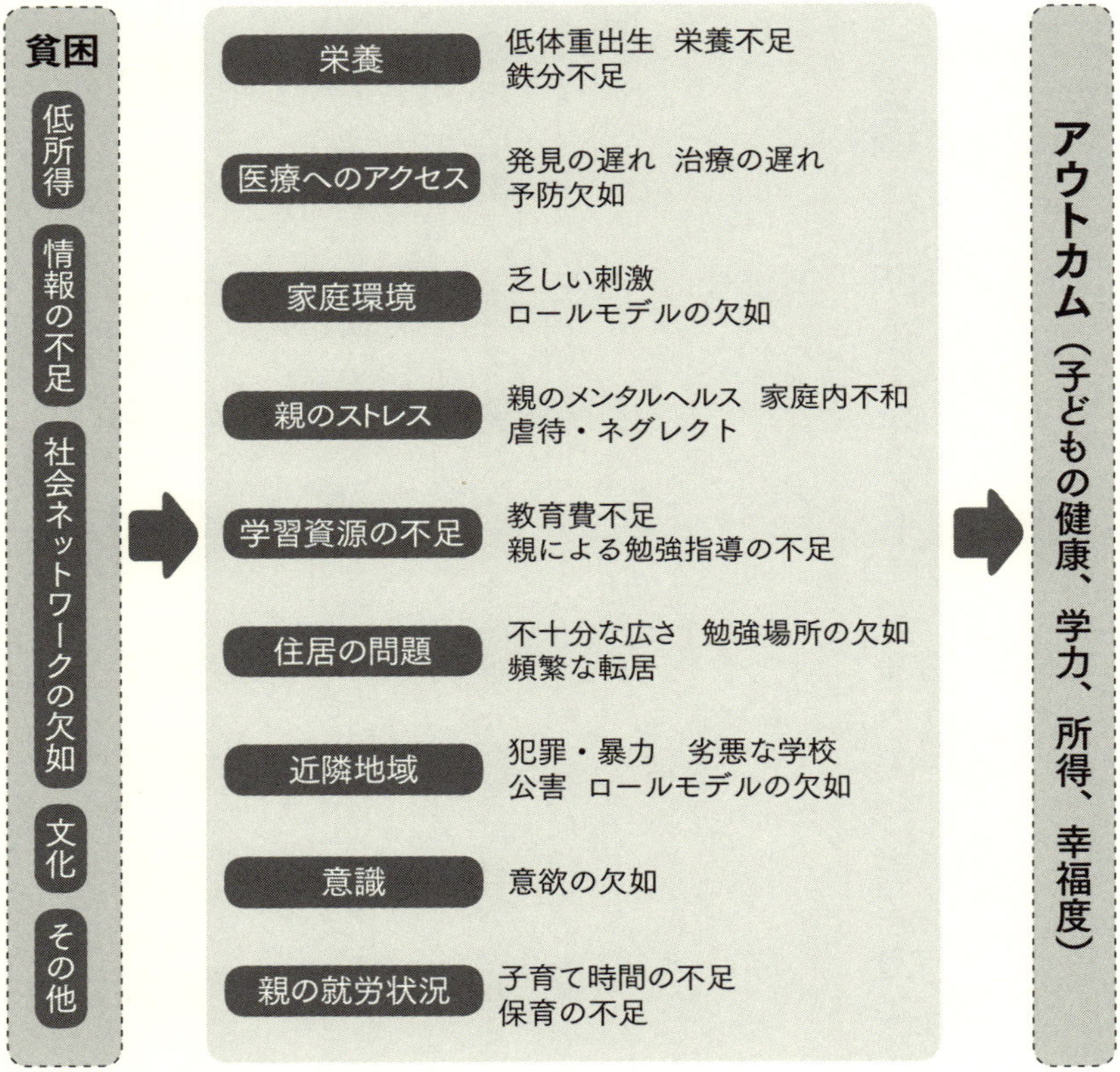

資料：以下より筆者作成

Seccombe, K. 2007 Families in Poverty. Person Education.

小西祐馬 2008「先進国における子どもの貧困研究」浅井春夫、松本伊智朗、湯澤直美『子どもの貧困——子ども時代のしあわせ平等のために』明石書店、pp.276-301.

阿部 彩 2014『子どもの貧困Ⅱ—解決策を考える』岩波新書、1467.

のでしょうか。貧困や低所得であることは、**図表5**のように、情報が不足したり対人関係のネットワークが狭くなる、文化的な環境も乏しくなる等、さまざまな側面で子どもが育つ家庭の環境を難しいものにします。図の中央にあるような多くの不利な状況を経て右側のような子どもの健康や発達に影響することが考えられます。

経済状況の悪化が引き起こす不利のなかでも、養育者の心理的ストレスと子どもの知的発達を促進する教育財の購入や環境整備の二つの要因はとくに大きく取り上げられてきており、前者は「家族ストレスプロセス」[20]、後者は「家族投資プロセス」[21]と呼ばれています。前者では、**〈経済的状況の悪化⬇親の経済的困窮感や心理的ストレスの増加⬇養育の劣化（虐待的養育も含む）⬇子どもの発達へのネガティブな影響〉**といった養育者のストレスを経由した流れが想定され、一方後者では**〈経済的状況の悪化⬇家庭の教育投資額の低下や居住環境の劣化⬇子どもの発達へのネガティブな影響〉**といった主に家庭の物的環境を経由した流れを想定し、これまでに多くの実証研究によって支持されてきています[22]。

図表4に示した私たちの研究データについても、この二つのプロセス（家族ストレスプロセスと家族投資プロセス）にあてはめて解析したところ、**〈世帯年収の少なさ⬇母親の心理的安定度の欠如⬇養育態度の温かさの低下⬇子どもの萌芽的な問題行動傾向の高さやQOL（クオリティ・オブ・ライフ、遊びや対人関係の充実度で測定）の低下〉**という家族ストレスプロセスとともに、**〈世帯年収の少なさ⬇子育て環境の利便性の低さ⬇子どもの萌芽的な問題行動傾向の高さ〉**という家族投資プロセスも、ともにすべてのパス（⬇）が統計学的に有意なレベルで関連性を持っていることを確かめることができました[23]。日本の乳児期のデータについても

図表6● 貧困・低所得の子どもへの2つの影響経路：家族ストレスプロセスと家族投資プロセス

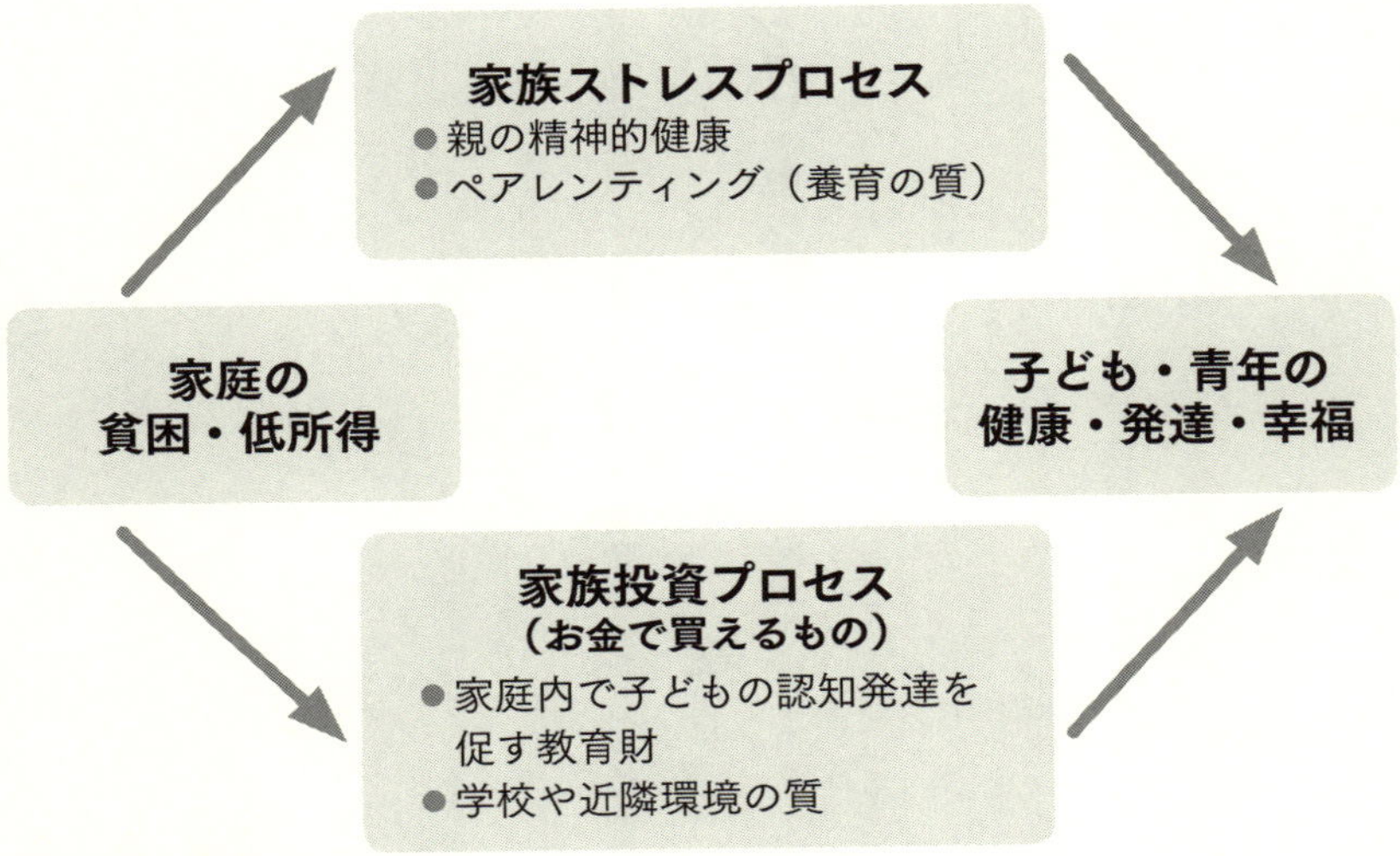

資料：以下より筆者作成
Duncan, G., and Magnuson,K.. 2013 The importance of poverty early in childhood. *Policy Quarterly* 9, 12-17.

欧米の研究と同様な影響経路があり得ることを示唆する結果であると考えられます。

以上のような経路モデルが明らかになることによって、貧困が子どもの健康や発達に及ぼす影響を未然に防いだり、緩和させたりする方策を考えることが可能になります。例えば**図表6**や筆者らの実証研究の結果では、貧困や低所得の子どもの発達に対する影響は直接的なものではなく、第一の経路として親の心理的状態や養育態度、第二の経路として家庭の近隣環境を経由する間接的なものであることがわかります。すなわち、経済的に苦戦している家庭の親たちの心のケアに努め、子どもへの接し方がより穏やかで心のこもったものに戻ることができれば、第一の経路をたどるネガティブな影響を防ぐことが可能になります。同様に、第二の経路である子どもの遊びや育ちに必要な環境整備を補填していくことも効果があると期待できます。このような経路研究を進めることによって、もととなっている経済状況をよくするという抜本的な対策とともに、応急手当として、媒介要因となっている事項（親の心理的ストレスや養育態度、子育て環境の利便性）を改善することで、即効性の高い対策を考えることが可能になるのではないでしょうか。

乳幼児期から児童期への長期的な経路

筆者らの研究グループでは、同様な経路分析を小学生のサンプル（0歳から小学校5年生までの追跡が可能だった首都圏在住の328世帯）についてもおこないましたが[24]、いくつか重要なことがわかりました。一つには、0歳から小学校5年生まで年に1回計測した家庭の年収は、全体としては親の加齢に従って少しずつ上昇するものの、家庭間の所得差が常に非常に大きく、またその差は時間的に安定しており（相関係数で、r = .63 ~ .87）、所得の家庭格差が持続的であることがわかりました。また、対象となった家族は平均4人家族でしたので、年収500万円以下を低所得家庭（62世帯、19・2%）とし、501万円以上の家庭（261世帯、80・8%）と小学校1年生時での家庭環境の比較をおこなったところ（**図表7**）、**図表4**に示した乳児期のサンプルと同様な特徴があることを確認しました。年収500万円以下の家庭では、両親の学歴が低いこと、母親の正規職率が8分の1程度であること、子ども用の本・絵本の冊数が少なく、塾や習い事に通う割合も小さいこと、そして母親の心理的安定度や子どものQOL（身

図表7● 小学生期サンプル（小学校1年生、323世帯）
世帯年収500万円以下と501万円以上の家庭の比較

	年収500万円以下 (n=62, 19.2%)	年収501万円以上 (n=261, 80.8%)	
	平均値(標準偏差)／該当%	平均値(標準偏差)／該当%	
父親学歴(1=中卒〜5=大学院卒)	2.55 (0.97)	3.68 (1.00)	**
母親学歴(1=中卒〜5=大学院卒)	2.78 (0.70)	3.25 (0.77)	**
母親の就労形態	正規 5.3% 非正規 73.7%	正規 42.7% 非正規 49.5%	**
母親のQOL(心理的側面)	3.41 (0.62)	3.62 (0.61)	*
子どもの問題行動傾向(SDQ)	10.18 (4.57)	8.62 (5.09)	*
小学生用QOL(KINDL合計点)	96.84 (8.64)	101.00 (9.33)	**
家庭の教育的・文化的投資			
子ども用の本・絵本の冊数(51冊以上)	17.70%	40.60%	*
学習塾	6.50%	15.70%	†
音楽に関する習いごと	11.30%	28.00%	**
水泳	25.80%	46.70%	**
習いごとは何もしていない	22.60%	6.10%	**
インターネット回線の利用	80.60%	94.30%	**
新聞の購読	61.30%	71.30%	†
2台以上のコンピュータ所有	18.90%	30.40%	†

†: $p<.10$; *: $p<.05$; **: $p<.01$

出所：菅原ますみ 2012「子ども期のQOLと貧困・格差問題に関する発達研究の動向」菅原ますみ編著『お茶の水女子大学グローバルCOEプログラム 格差センシティブな人間発達科学の創成第1巻 子ども期の養育環境とQOL』金子書房、pp.145-165.

体的健康さ、心理的健康さ、自尊感情、家族関係の良好さ、友だち関係の良好さ、学校の授業への適応度の諸側面から測定する子どもの生活全般の良質さ）のレベルがより低く、問題行動傾向が少し高めであることが示されています。

このサンプルについて、小学校３年生の学校の成績を指標に経路分析をおこなったところ[25]、**家族ストレスプロセス〈家庭の可処分所得の低さ→母親の心理的ストレス→子どものニーズ（手助けを求めているとき）への対処の乏しさ→子どもの成績の低さ〉**と**家族投資モデル〈家庭の可処分所得の低さ→家庭の教育投資（子ども用の本の冊数や塾、習い事など）の乏しさ→子どもの成績の低さ〉**ともに、統計学的に有意な水準でモデルがあてはまることが確認されました。さらにそのパスは小学校３年時点での成績を経由して高学年での学校適応の悪さや子ども自身の抑うつ傾向の高さにもつながっていくことがわかりました。先述の乳児期でのモデルと同様な影響経路が小学生期でも確認されたのです。

乳児期と小学生期の経路分析に関する筆者らの二つの研究結果を合わせて考えると、日本においても、低所得家庭の親子への支援は乳幼児期から強力におこなう必要があることを深く実感します。放置されることによってネガティブな結果が堆積していき、「成人期の貧困への経路」を断つことが、子どもの加齢とともに困難になっていくと予想されるのです。より多くの長期的影響に関する実証研究が今後必要ですが、貧困や低所得は持続する傾向が強いこと、子どもへのネガティブな影響性は就学前期から学齢期へと持ち越され、低学力にもつながる可能性があることが明らかになったといえます。

子ども自身が体験する貧困・低所得●●社会的排除の視点から

社会学や経済学では、貧困や低所得のために、政治や経済、文化等社会のさまざまな側面から個人が排除され、大きな不利益を被っている状態を「社会的排除」という概念でとらえてきていますが、この観点は子どもについてもとても重要なものだといえます。テス・リッジは、その著書『子どもの貧困と社会的排除』のなかで、貧困を体験している10〜17歳のイギリスの青少年を対象とした調査から、子どもたちの身の上に起こっている社会的排除が子どものQOLと発達をいかに損なっているか詳細に描き出しています。お小遣いがもらえなくて友だちと思うように遊べない、早くからアルバイトをしなくてはならない、家族で旅行をすることが難しく取り残されたさみしい夏休みを過ごしている、友だちと一緒に乗り回す自転車が買えない、他の友だちのように送り迎えしてもらう親の自動車がない、子ども部屋がない、はやりの服やみんなが持っている文房具や本、雑誌が買えない、修学旅行や遠足の費用を親にもらいにくい等、結果として学校での仲間関係からの排除（仲間外れ）やいじめを招き、子ども自身の自尊心の低下や自己疎外（自分から友だち関係の輪からはずれていき、みんなと一緒にいることを諦めてしまうこと）につながっていることが、子ども自身の切実な言葉によって語られています[26]。リッジが示した相対的貧困が引き起こす子どもの社会的排除の実態については、生活保護世帯を含む低所得層にある日本の子どもにも当てはまるところが多くあると予想されます。日本の場合、自分だけ塾に行けないこと、進路選択に制約が大きくて友だちと話が合わないことなど、勉強や進路に関する疎外感も含まれてくるかもしれません。

リッジの研究では10歳以上の子どもたちが対象とされましたが、もっと早い年齢段階の子どもたちは、貧困や低所得の状態のなかでどんな不都合な体験をし、自分の状況をどのように感じているのでしょうか。子どもたちの自尊感情や友だち関係にも、影響がもう出ているのでしょうか。今後、小さな子どもたちの「姿」や「声」にもっと接近して、貧困や低所得がどのように体験されているのか、子ども集団のなかで排除の現象が起こっていないのか、ていねいにみていくことが必要だと思います。そして、それに気づいた保育者や周囲のおとなたちが、当事者である子どもの心のケアをするとともに、排除する側の子どもたちに対する「社会的包摂」をめざした教育的なかかわりを工夫していくことが必要になるでしょう。難しい問題ではありますが、相対的剝奪が引き起こす子どもや家族のさまざまな社会的排除の事実について、実践の場で深い洞察をもって見つめて支援の方策を工夫していくと同時に、研究の場では、当事者の主観的評価（さまざまな不利な状況をどの程度経済的貧困に帰属するものと感じているか、相対的剝奪に起因する羞恥感や困惑感、自己評価や自尊感情の低下など）が精神的健康や発達にどう影響するか実証的に検討していくことが求められていると思います。

4 保育の現場でできること

これまでの実証的な研究から、貧困や低所得は親の養育の質を低下させ、教育財や教育環境を乏しくし、乳児期にもその結果を認めることができるほど早い段階で子どもの発達に影響することがわかってきました。貧困のなかで育つことのデメリットをできるだけ小さくし、将来、自分のちからで貧困の世代間連鎖を断つことができるようなたくましさを子どもたちが獲得するために、保育の現場で工夫できることは何でしょうか。

まず、何よりも子どもの背後にある家庭の貧困や低所得に関心を寄せることだと思います。子どもたちの家庭生活は、経済状態によって、絵本を読んでもらうことや落ち着いて親とかかわること、お誕生日のお祝いや家族旅行、買ってもらう本やおもちゃ、習いごとなど、一つひとつのことに少しずつ違いがあり、貧困・低所得家庭の子どもたちの不利は、時間の流れのなかで総体として子どもの発達を低いレベルにとどめてしまう効力があるのです。6人にひとりの子どもが貧困にあるいま、保育における補償プログラム、というべきものを真剣に考える時期に来ているのではないかと思います。支援は早ければ早いほどよいのです。その中身については、海外の経験にも学びながら、これからていねいに検討される必要がありますが、一つには直接的な教育的かかわりを強めることが有効だと考えられます。とくに5歳児の段階では、年齢にふさわしい読み書きや数の理解ができているか、もしも遅れがあるような ら、補償的なかかわりを用意してあげることで、小学校でのスタートをよりいいかたちで切ることができるでしょう。学力の問題は人生にわたってとても重要です。貧困の世代間連鎖を断ち切るためには、学びに向かって心を落ち着けて取り組む習慣を、小さい頃から身に付けることが必要なのです。

二つめは、親の心のケアです。貧困や低所得に起因するさまざまなストレスによって、親は余裕をなくしています。少しでも肩のちからを抜いて、ひと息つける場所が保育所のなかにあるととても助かります。どうしたら対処できるのか、子どものことを含めて一緒に考えくれる先生や職員の人がいて、必要なときには外の専門機関とつなげてもらうことができれば、親の心はもっと力強く回復することができるでしょう。貧困の渦中にある親子を温く見守り支えるとともに、将来に向かって、親子のちからをより強くして送り出してあげる工夫をすることも、保育の重要な役割ではないでしょうか。

●文献

1 Heckman, J.J.2013 *Giving Kids a Fair Chance.* MIT Press.
邦訳：ジェームズ・J・ヘックマン著、大竹文雄解説、古草秀子訳（２０１５）『幼児教育の経済学』東洋経済新報社

2 ルース・リスター著、松本伊智朗監訳、立木勝訳（２０１１）『貧困とはなにか――概念・言説・ポリティクス』明石書店
岩田正美（２００７）『現代の貧困――ワーキングプア／ホームレス／生活保護』ちくま新書６５９
平岡公一・杉野昭博・所道彦・鎮目真人 ２０１０『社会福祉学』有斐閣

3 The Povertist 2015「貧困線を１・90ドルへ世界銀行が変更――貧困率は10％未満へ」（２０１５年10月５日掲載）http://www.povertist.com/ja/poverty-line-1-90-dollar/

4 阿部 彩（２００６）「相対的剥奪の実態と分析――日本のマイクロデータを用いた実証研究」社会政策学会編『社会政策における福祉と就労』法律文化社、pp.２５１-２７５

5 Huston, A.C. 2014 Poverty, Public Policy, and Children's Wellbeing. *Wellbeing in Children and Families: Wellbeing: A Complete Reference Guide*, Volume I. John Wiley & Sons, Ltd., pp.323-343.

6 National Institute of Child Health and Human Development Early Child Care Research Network. 2005 Duration and developmental timing of poverty and children's cognitive and social development from birth through third grade. *Child Development*, 795-810.

Huston, A.C., & Bentley, A.C. 2010 Human development in societal context. *Annual Review of Psychology* 61, 411-437.

Kalil,A., Duncan,G.J. & . Ziol-Guest,K.M. 2016 Early Childhood Poverty: Short and Long-Run Consequences Over the Lifespan. *Handbook of the Life Course*. Springer International Publishing, pp. 341-354.

7 前掲 Huston,A.C.2014

8 Halle, T., Forry, N., Hair, E., Perper, K., Wandner, L. Wessel, J., & Vick, J. 2009 Disparities in early learning and development: Lessons from the Early Child Longitudinal Study — Birth Cohort (ECLS-B). Washington, DC: Child Trends.

http://www.childtrends.org/wp-content/uploads/2013/05/2009-52DisparitiesELExecSumm.pdf

9 Waldfogel, J., & Washbrook, E. 2011 Early years policy. *Childhood Development Research*, 1-12.

10 前掲 National Institute of Child Health and Human Development Early Child Care Research Network. 2005 .

11 前掲 Kalil, A. Duncan, G. Ziol-Guest ,K.M.2016
12 同前
13 苅谷剛彦（２００９）「学力調査と格差問題の時代変化」東京大学学校教育高度化センター編『基礎学力を問う――21世紀型日本の教育への展望』東京大学出版会、pp.81‐１３０
14 赤林英夫・中村亮介・直井道生・山下絢・敷島千鶴・篠ヶ谷圭太（２０１２）「子どもの学力と家計――『慶應子どもパネル調査２０１１』を用いて」樋口美雄・宮内環・C.R.Mckenzie・慶應義塾大学パネルデータ設計・解析センター編『パネルデータによる政策評価分析［３］所得移転と家計行動のダイナミズム――財政危機下の教育・健康・就業』鷹應義塾大学パネルデータ設計・解析センターパネル調査共同研究拠点、pp.23‐45
15 耳塚寛明（２０１３）「学力格差と教育投資家族」耳塚寛明編『お茶の水女子大学グローバルＣＯＥプログラム格差センシティブな人間発達科学の創成 第３巻 学力格差に挑む』金子書房、pp.１‐11
16 東京大学大学院教育学研究科大学経営・政策研究センター（２００７）『高校生の進路追跡調査第1次報告書』
17 駒村康平・道中隆・丸山桂（２０１１）「被保護母子世帯における貧困の世代間連鎖と生活上の問題」『三田学会雑誌』１０３、pp.51‐77
18 ベネッセ次世代育成研究所（２００７）『第1回妊娠出産子育て基本調査報告書』ベネッセコーポレーション報告書
19 菅原ますみ（２０１２）「子ども期のＱＯＬと貧困・格差問題に関する発達研究の動向」菅原ますみ編著『お

茶の水女子大学グローバルＣＯＥプログラム 格差センシティブな人間発達科学の創成 第1巻 子ども期の養育環境とＱＯＬ』金子書房、pp.１４５-１６５

20 Conger, K.J., Rueter, M.A., & Conger, R.D. 2000 The role of economic pressure in the lives of parents and their adolescents: The Family Stress Model. In Crockett, L.J., & Silbereisen, R.K. (eds) *Negotiating adolescence in times of social change*. Cambridge University Press: New York.. pp.201-223

21 Becker, G.S., & Tomes, N. 1986 Human capital and the rise and fall of families. *Journal of Labor Economics*, 1-47.

22 Martin, M.J., Conger, R.D., Schofield, T.J. & Family Research Group, Dogan, S.J. ,Widaman, K.F., Donnellen, M.B., & Neppl, T.K. 2010 Evaluation of the interactionist model of socioeconomic status and problem behavior: A developmental cascade across generations. *Development and Psychopathology*, 22, 695-713.

23 前掲**19**に同じ

24 菅原ますみ・松本聡子（２０１４）「生涯発達におけるクオリティ・オブ・ライフと精神的健康（１）――家庭の社会経済的状況と子どもの発達との関連」『日本教育心理学会第56会総会大会発表論文集』 p.５４２

25 同前

26 テス・リッジ（２０１０）『子どもの貧困と社会的排除』中村好孝・松田洋介訳・渡辺雅男監訳、桜井書店
原書：Ridge, T. 2002 *Childhood poverty and social exclusion*. The Policy Press.

あとがき

福祉のまなざし

菅原ますみ

本書では、子どもの貧困と保育とのかかわりについて、どのような現状があるのか、これからどうすればよいのか、保育を実践する人たちと、保育や貧困を研究する人たちがそれぞれの視点から考えをもち寄り、一冊の本にまとめました。今、日本では、６人に１人の子どもが相対的貧困のなかで暮らしており、ひとり親世帯ではその割合が5割以上に達しています。子どもの貧困対策法が２０１３年に成立し、国も速度をあげて対応しようとしています。これまでずっと存在していた子どもたちの貧困にようやく社会の目が向き、問題が可視化され、子どもが生活している地域・学校／園・家庭それぞれでの対応が模索され始めています。

多くの海外での研究から、家庭の低所得や貧困が、子どもの学力や意欲、精神的健康、問題行動等さまざまな側面の発達に望ましくない影響を及ぼすことが明らかになりました。その影響は想像以上に早期からあり、就学前の時期の影響が成人期に至っても、長いプロセスを経て残ることもわかりました。私が担当した6章のなかでも述べましたが、支援は早い時期ほど有効です。本書を通じて、保育に携わるすべての人々が、幼い時期からの支援の重要性に関心を寄せ、貧困を語る言葉をまだもたない小さな子どもたちへの保育や親支援のあり方について、さらに取り組みを深めていただけたら幸いに思います。

2章で紹介された「けやきの木保育園」に、貧困の渦中にある親子に対して、「大丈夫、保育園はそれぞれの事情を理解して、どんな子でもどんな家庭でも、『ここがあってよかった』と思ってもらえる場所なのよ」と、心のなかでつぶやいてくれる園長先生がいらっしゃいました。この言葉に出会い、18年前、5歳と2歳のふたりの息子を保育園にあずかっていただいていた頃のことが鮮やかに思い出されました。

当時の私は中間管理職にあり、母たちは遠方、夫も遠距離通勤のなか、土曜日も含め閉園ぎりぎりに駆けつける毎日でした。大あわてで玄関で靴を脱ぐ私に、「お母さん、はい、ひと息ついてからね」と、職員室から冷たい麦茶を片手ににこやかに先生

あとがき

が声をかけてくださり、その短いひとときに、子どもと向かい合う気持ちを整えることができました。保育時間を1時間延長しての母親たちのための喫茶室も年に数回あり、野の花が飾られた小さな子どもたちのテーブルを囲んで、親同士、日頃の悩みをおしゃべりし合ったものです。昼間の時間、子どもたちもこうして楽しい時間を過ごしていること、保育園では、親も子もともに育てていただいていることを深く実感し、働いているおかげで保育園に出会えてほんとうによかったと、今でも心から思っています。

「いちばん子どもや親の生活に近いところで接している職員たちの『福祉のまなざし』が重要である」という指摘は、子どもの貧困にどう向き合えばよいかを示すもっとも的確な視点だと思います。

●●●

3章では、保育所における貧困層の親たちが、「所得が低いために子どもに習い事をさせることやレジャーに行くこともできず、子どもの学習面の遅れや将来に不安を抱えて」いて、「子どもには勉強を、保護者である自分には子育ての方法を学ぶことを保育所に期待して」いることが報告されています。小学校にあがって子どもたちが困らないように、家庭で不足しがちな絵本読みや読み書き、数の操作といった知的なスキルを伸ばしてあげること、疲れている親をいたわり、子どもへのかかわりについて一緒に考え改善に向かうことは、子どもの発達に対する貧困の影響を緩和する本質的な効果をもっています。対策として3章の筆者は、「『保育ソーシャルワーカー』という社会福祉の専門職を保育所等に配置するべき」と力強い提案をしていますが、貧困のなかにある子どもと家族を支える専門職のあり方について今後本格的に議論され、急いで実行にうつすことが望まれます。どんな支援が有効なのか、私たち研究者もさらに研究を深めていきたいと思います。

就学前の子どもたちの貧困に、保育の立場から向かい合おうとしてくださっている保育者や行政担当者の方々、貧困の渦中にある保護者の方々、子どもの貧困を研究している方々にとって、みなさまがこれから進まれようとしている方向に、本書が少しでも示唆あるものとなりますことを心より祈っています。

あとがき

保育所の原点と可能性

小西祐馬

本書は「保育から子どもの貧困を考えるはじめての本」です。保育関係者のあいだでも「子どもの貧困」が重要な問題だという共通認識ができつつあるように思いますが、「乳幼児期の貧困」「保育所・幼稚園を利用する家族の貧困」を具体的に把握し、その現実に接近しようとしたものは、実践記録としても、研究論文としても、先駆的な少数のものをのぞいては、まだほとんどないのが現状です。

しかし、保育現場では時に「虐待」として、時に「心配な親」として、時に「気になる子」として、経済的な困難が表面化してきています。「虐待への対応」を学んだ保育士は増えてきているかもしれませんが、「貧困への対応」を学んでいる保育士は、まだほとんどいないでしょう。現実に適切に対応するためには、現場の保育者が貧困の現状をマクロな視点で理解し、目の前の子どもと家族にどういう構造のもとで問題・困難が起きているのかを知り、具体的にどのように向き合えばよいかを身につける必要があります。本書は、その手がかりになることを目標として企画されました。

私と「貧困」の出会いは小学生時代、まわりから「貧乏だ」と見なされている同級生を通してでした。バブル景気を含む１９８０年代～90年代のことでしたが、今より少ないとはいえ、確実に「子どもの貧困」はありました。厚生労働省の統計でも１９８８年の子どもの相対的貧困率は12・9％です。そして、当時、貧困は「見た目」でわかりました。古く、つぎはぎだらけの洋服、無名メーカーのジャージやスニーカー、学用品が流行のものではない、といった子どもたちは「見えて」いました。そういう子たちは、勉強やスポーツも得意ではなく、みんなの仲間に入れず、からかわれることが多かった。理不尽だという怒りと同時に、とても悲しい気持ちをもったことを覚えています。このときから、子どもの世界に貧困や不平等がもち込まれてはいけないと強く思い続け、研究者として一貫してこのテーマに関心をもってきました。

いわゆる「貧困研究」の立場から出発し、この保育分野でも仕事をするようになりました。「貧困」と「保育」、一般的には遠いイメージのこの二つの言葉は、実はとてもも近いところに位置していることに気づきました。保育所の原点のひとつは、貧困から抜け出すための労働を支えるところにあります。もともと保育所は、貧困に抗する施設なのです。これは現在も同じです。子どもが保育所に入れなければおとなは働くことはできず、家族は貧困に近づくことになります。現代の待機児童問題も、子どもの貧困問題と大きく関係しているのです。

そして、「乳幼児期の貧困」が解決すべき重要な社会的課題であることは、ずいぶん前から明らかでした。アメリカにおける研究で、個人のライフチャンスにもっとも深刻な影響を与えるのは、乳幼児期に貧困のもとで育つことだろうと示唆されていたのです。日本でも、若い親や0〜2歳児の相対的貧困率が高いことがわかり、一刻も早い対応が必要であることが明らかになってきました。小学生以降の貧困への対応も、もちろん必要でしたが、それより前の幼い子どもたちの支援はより喫緊の課題でした。どこで誰がやるのか――やはり、量的にも質的にも保育所に勝る福祉施設はないでしょう。「保育」は大きな可能性をもっているのです。

本書は、「はじまりの本」です。現時点で考えうるベストな執筆陣に、今まさに必要な論考を提供してもらったと思っていますが、ご意見・ご不満などあるかもしれません。例えば、具体的な保育内容や支援方法についてはあまりふれていません。これをきっかけに、さまざまな場で「貧困と保育」について語り合えれば、と思っています。そして、当然ながら、少しでも多くの子ども・家族の笑顔につなげられれば、と願っています。

本書に関わっていただいたみなさん――執筆者の方々、編集・出版の労を取ってくださったかもがわ出版のみなさん、そのほか執筆・編集に協力してくださったすべての方々に、心からの謝意と敬意を表したいと思います。

ありがとうございました。

塚本秀一（つかもと・しゅういち）

1959年生まれ。大学では経営学を学び、卒業後、（社福）湘南学園に就職。同法人の児童養護施設「湘南学園」、知的障害者授産施設（通所）「れもん会社」での勤務を経て、1998年から専務理事・保育の家しょうなん園長。ほかに、（公社）全国私立保育園連盟常務理事、滋賀県私立保育園連盟副会長、大津市保育協議会会長を務める。現在、内閣府子ども・子育て会議委員、大津市子ども・子育て会議副会長。

中村強士（なかむら・つよし）

1973年生まれ。日本福祉大学社会福祉学部准教授。専門は保育制度・政策、子どもの貧困、子育て支援。社会福祉士、保育士。主著に『戦後保育政策のあゆみと保育のゆくえ』（新読書社、2008年）、『保育ソーシャルワークの世界』（日本保育ソーシャルワーク学会編、晃洋書房、2014年）、『Q&A保育新制度 保護者と保育者のためのガイドブック』（中山徹他編著、自治体研究社、2015年）など。

吉葉研司（よしば・けんじ）

1966年生まれ。名古屋学芸大学教授。大学では「子育ての原理」「保育課程論」を担当。社会福祉を学ぶ学生時代、札幌での母子餓死事件に出会う。「豊か」な社会で「餓死」が起きることに疑問をもつなかで社会問題として「貧困」や「保育」を考えるようになり、現在に至る。著書に『沖縄の保育・子育て問題』（共編著、明石書店、2014年）など。

猪熊弘子（いのくま・ひろこ）

1965年生まれ。ジャーナリスト。東京都市大学人間科学部客員准教授。お茶の水女子大学大学院保育・児童学コース在籍中。保育政策・制度、保育事故、保育の質などについて執筆・翻訳、調査・研究を行っている。日本子ども安全学会理事。『死を招いた保育』（ひとなる書房、2011年）で、第49回日本保育学会 日私幼賞・保育学文献賞受賞。近著に『「子育て」という政治』（角川新書、2014年）、翻訳書に『ムハマド・ユヌス自伝』（早川書房、2008年）など。

藤原千沙（ふじわら・ちさ）

法政大学大原社会問題研究所教授。専門は社会政策・労働問題。共編著として、藤原千沙・山田和代編『労働再審③ 女性と労働』（大月書店、2011年）。近著として、「児童扶養手当の支払期月と母子世帯の家計」（原伸子ほか編『現代社会と子どもの貧困』大月書店、2015年）、「母子家庭支援分野における就労支援が提起すること」（『職業リハビリテーション』28巻2号、2015年）など。

編著者紹介（執筆順）

秋田喜代美（あきた・きよみ）

東京大学大学院教育学研究科教授。同附属発達保育実践政策学センター センター長。博士（教育学）。専門は、保育学、教育心理学、授業研究。近編著書に、『保育学講座 第1巻 保育学とは』『あらゆる学問は保育につながる』（ともに、東京大学出版会、2016年）、『岩波講座 教育 変革への展望 第1巻 教育の再定義』（岩波書店、2016年）、『保育プロセスの質 評価スケール』（明石書店、2016年）、『秋田喜代美の写真で語る保育の環境づくり』（ひかりのくに、2016年）など。

小西祐馬（こにし・ゆうま）

長崎大学教育学部准教授。教育学部の「幼稚園教育コース」にて児童福祉・家族支援論などの講義を担当して保育者養成に従事しながら、「子どもの貧困」（特に「乳幼児期の貧困」）について研究している。共著書に、『貧困と学力』（2007年）、『子どもの貧困——子ども時代のしあわせ平等のために』（2008年）、『子どもの貧困白書』（2009年）（いずれも明石書店）など。

菅原ますみ（すがわら・ますみ）

お茶の水女子大学基幹研究院人間科学系教授。同人間発達教育科学研究所 所長。文学博士。専門は発達心理学・発達精神病理学。『子ども・家族への支援計画を立てるために——子ども自立支援計画ガイドライン』（日本児童福祉協会、2005年）、『保育の質と子どもの発達』（赤ちゃんとママ社、2009年）、『格差センシティブな人間発達科学の創成1巻 子ども期の養育環境とQOL』（金子書房、2012年）、『基礎助産学4 母子の心理・社会学 第5版』（医学書院、2016年）など。

著者紹介（執筆順）

平松知子（ひらまつ・ともこ）

名古屋市にあるけやきの木保育園園長。貧困が子どもの育ちを阻んでいる現状を、保育の現場から発信。保育所や社会的資源が子どもの発達に欠くことのできない役割があることを伝えている。著書に『保育は人 保育は文化』（2010年）、『発達する保育園 子ども編』『同 大人編』（いずれも、ひとなる書房、2012年）他。日本福祉大学非常勤講師。全国保育団体連絡会副会長。名古屋大学大学院教育科学研究科博士後期課程在学中。

カバー写真提供●平松知子
カバー・本文デザイン●青山 鮎

貧困と保育 社会と福祉につなぎ、希望をつむぐ

2016年9月25日　第1刷発行
2018年2月20日　第3刷発行

編著者　秋田喜代美
小西祐馬
菅原ますみ

発行者　竹村正治
発行所　株式会社　かもがわ出版
〒602-8119　京都市上京区堀川通出水西入
TEL 075-432-2868　FAX 075-432-2869
振替　01010-5-12436
ホームページ　http://www.kamogawa.co.jp
印刷所　株式会社 光陽メディア
ISBN 978-4-7803-0821-1　C0037